地図１　幕末・明治

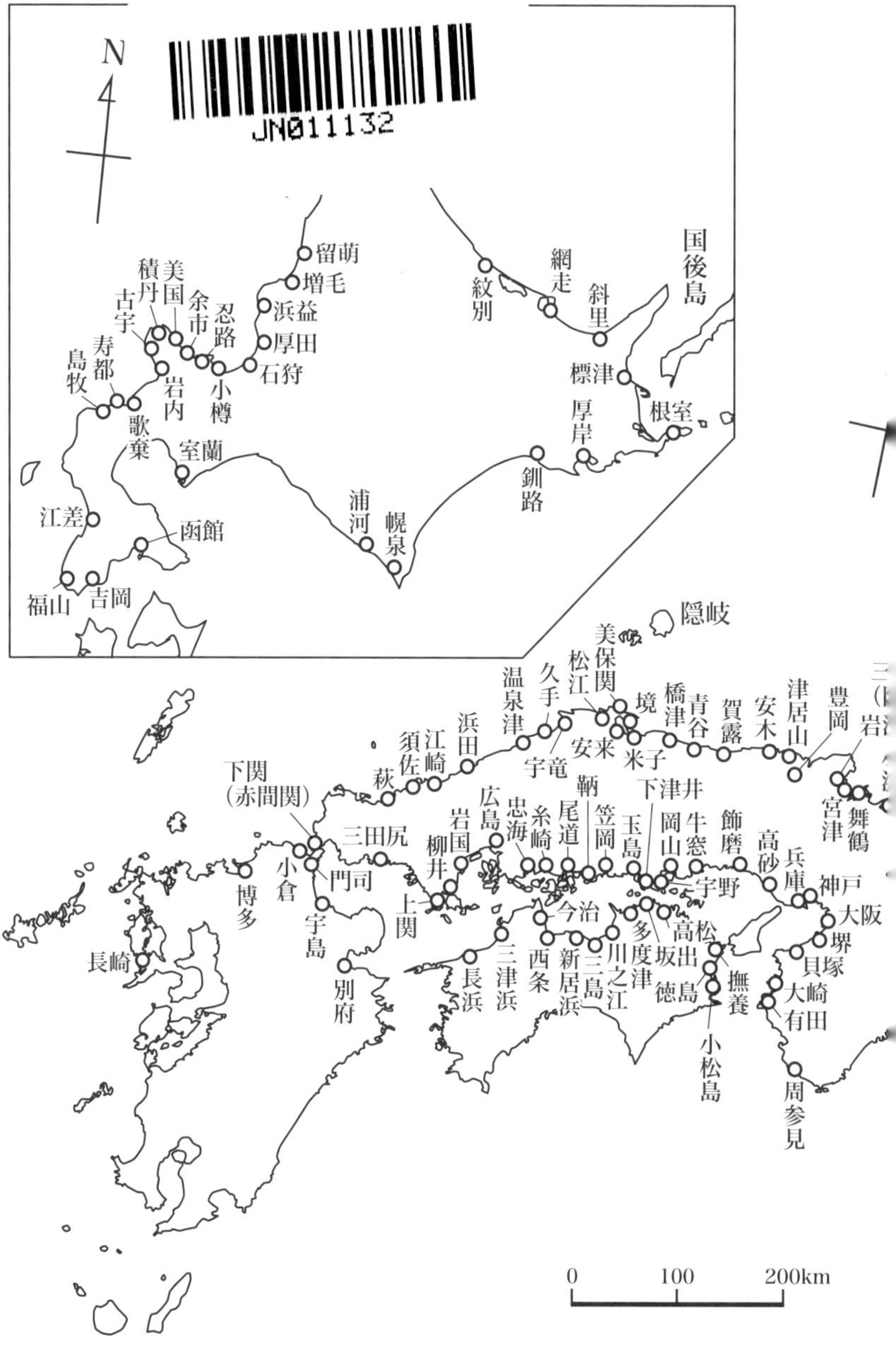

N
留萌
増毛
浜益
厚田
石狩
忍路
小樽
余市
美国
積丹
古宇
岩内
寿都
島牧
歌棄
室蘭
江差
函館
福山
吉岡
浦河
幌泉
紋別
網走
斜里
標津
国後島
根室
厚岸
釧路
隠岐
美保関
松江
久手
温泉津
浜田
江崎
須佐
萩
宇竜
安来
米子
境
橋津
青谷
賀露
安木
津居山
豊岡
岩
宮津
舞鶴
下関
(赤間関)
三田尻
岩国
柳井
広島
忠海
糸崎
尾道
鞆
笠岡
玉島
下津井
岡山
牛窓
飾磨
高砂
兵庫
神戸
大阪
堺
貝塚
大崎
有田
周参見
宇野
高松
撫養
徳島
小松島
坂出
多度津
川之江
三島
新居浜
西条
今治
三津浜
長浜
上関
門司
小倉
博多
宇島
別府
長崎
0
100
200km

交通ブックス 219

中西 聡

北前船の近代史

―海の豪商たちが遺したもの―

（3訂増補版）

交通研究協会発行
成山堂書店発売

まえがき ―ブームとなった北前船《きたまえぶね》

ソーラン節をはじめ、幾度となく歌の舞台になってきた北の海で、旧き時代に活躍した日本型の木造帆船、それが「北前船」である。この北前船が、21世紀に入って、静かなブームとなっている。例えば、2006（平成18）年に財団法人みちのく北方漁船博物館財団が北前型弁財船を復元して建造し（「みちのく丸」）、11年3月の東日本大震災の後に、震災復興支援事業として同年7月～8月に日本海沿岸を航行し、各地でさまざまなイベントが行われた。そして、2007年からは北前船寄港地フォーラムが北海道・東北日本海沿岸地域を中心に年2回のペースで開催され、17年には一般社団法人北前船交流拡大機構が設立された。その後は、同機構が支援する形で、北前船寄港地フォーラムは定期的に開催されている。

経済界では、日本海沿岸地域の14道府県の経済同友会が、2008年から代表幹事サミットを開催し、日本海沿岸地域の人と経済の交流を進めている。また、2010年に現代版北前船プロジェクトが民間有志によって立ち上げられ、日本海沿岸各地で交流イベントを開催している。こうしたさまざまな活動を背景として、山形県酒田市など7道県11市町の北前船寄港地・船主集落が「日本遺産」として平成29年度に認定された。この北前船寄港地・船主集落へは、日本海沿岸・瀬戸内地域の市町がさらに追加参加し、現時点で16道府県49市町に広がった。

北前船がブームになっている背景には、社会の都市化・大衆化が進む一方で、人と人とのつながりが希薄になっている現代において、現代より人間関係が濃密であった旧き時代を振り返りつつ、もう一度いろいろな地域の人と文化の交流を深めたいとの強い希望が社会に現れてきているからと私には思われる。特に、中国・韓国との人や経済の交流が活発になった今こそ、日本海がより重要になるであろうと考えられる。実際、日本の歴史上でも、欧米との結びつきが強かった時代は、19世紀末以降の100年程度に過ぎず、ほとんどの時代の日本は、東アジア地域の一員として、朝鮮半島や中国との結びつきが強かった。そして、朝鮮半島と日本との交流ルートは、主に対馬海峡や日本海を経由していた。なお日本海という呼称については、さまざまな考え方があろうが、本書では特定の価値観を含めずに一般的呼称として「日本海」を用いる。そして東アジア諸国と日本との交流がより一層平和のうちに進展することを期待しつつ、19世紀日本における日本海航路で最も活躍した日本型帆船であった北前船の物語を届けたいと思う。

中西　聡

2023年10月

目次

序章　北前船《きたまえぶね》はどのような船か

北前船研究の中心的担い手となった牧野隆信氏を中心として、１９８４（昭和59）年に石川県加賀市で北前船セミナーが開催されてから、北前船は全国的に知られるようになった。北前船セミナーは、その後も定期的に続けられ、１９９０（平成２）年に福井県河野村が北前船資料館として「北前船主の館、右近家」を開館し、91年よりおよそ隔年で「西廻り」航路フォーラムが河野村で開催された。

このように北前船について学術的な研究が深められるようになると、どのような船を北前船と考えるかに関心があつまった。例えば、前述の牧野隆信氏は、北前船を江戸時代後期から明治時代にあたる18世紀後半から19世紀に日本海航路で活躍した北陸船主の船と位置付け、北前船の活動の特徴として、船主がある港で商品を購入して別の港に運んで販売するという商業と輸送業を兼業していることを指摘した（牧野隆信『北前船の研究』）。このように船主が商業活動を行うことを「買積《かいつみ》」というが、通常の運賃をもらって運ぶ「運賃積」とは異なる廻船経営として注目された。なお買積形態は、輸送業者が運賃のみを取得する運賃積と比べて、船主の利益は大きかったが、難破の際や商品が売れなかった際の損失は船主がすべて負うため、リスクも大きかった。いい換えれば、ハイリスク・ハイリターンの経営形態であったといえよう。

それに対して、北前船主の出身地は北陸地方のみではないとして、柚木学氏は、山陰地方の船主で買積経営を行った船主を紹介し、北前船主の出身地を広げるべきと主張した（柚木學『近世海運史の研究』）。北前船主の出身地については、あまり限定せずに、どの航路で活躍した船かで北前船を考えていけばよいと筆者も思う。船の形状についても、一般には18世紀までの北国船に対して18世紀末から日本各地で見られるようになった弁財船《べざいせん》（弁才船）が、北前船の典型とされたことに対し、石井謙治氏が上方・江戸間を主に航海した弁財船と日本海航路を主に航海した弁財船では形状が異なり、上方型の弁財船と北前型の弁財船を区別すべきとされている（石井謙治『和船Ⅰ・Ⅱ』）。

こうしたさまざまな北前船のイメージのなかで、本書ではどのような船を北前船と考えたらよいであろうか。当時の人々が北前船と認識した船を北前船と考えるのは一つの方法である。しかし大阪では、瀬戸内海から下関を経て日本海方面へ向かう船を「北前行き」、そうした船の船乗りを「北前乗り」と呼んだようであるが、北陸地方ではそうした和船を単に「弁財船」もしくは「バイ船」と呼んだとのことで、地域により当時の日本海で活動した和船の呼び名は異なるようである。それであれば、「北前船」を後世の視点で捉えることが必要になろう。

その場合、人々の間に広まった北前船の語感を大切にしたい。まえがきで触れた北前船寄港地フォーラムが、主要な北前船主の出身地であった北陸3県（富山・石川・福井）よりも北に位置する北海道・青森県・秋田県・山形県・新潟県を中心として初期には開催されており、北前船には「北の海へ進出した船」との語感が強く残されている。本書ではこの点と、商人船主であったというその活動の特徴から北前船を捉えたい。なお、江戸時代の北海道は「蝦夷島」と呼ばれていたが、本書では、特に注記しない限り、北海道で統一して表記する。

さて、商人船主であれば積荷の買入港と販売港の価格差を利用した積荷の売買利益が重要な収益源となる。確かに、大阪から下関を経て日本海を辿り、北陸・東北・北海道へ至る西廻り航路は、江戸時代には江戸・大坂間よりもはるかに地域間の価格差が大きかった。幕末になり大坂周辺の商品需要がより一層高まった結果として大坂周辺の物価が高騰したため、北海道・東北・北陸と大坂との地域間価格差はさらに広がった。この時期の北前型の弁財船は、北陸と大坂周辺、東北と大坂周辺、北海道と大坂周辺を主に結び、収益が大きくなるとともに、豪華な船簞《ふなだん》笥《す》が用いられるようになった（小泉和子『船簞笥の研究』）。

北前船などで使われた船ダンス

（神戸大学海事博物館所蔵）

ところが、明治時代になり、鉄道網・定期汽船網などの交通網が発達すると、こうした地域間価格差は次第に縮小した。最後まで大きな地域間価格差が残されたのが、北海道と関東・東海・関西・瀬戸内・九州などとの間で、結果的に明治時代には大部分の北前船主が北海道へ進出した。北海道では、明治時代に大規模な開拓が行われ、人口が急増するとともに本州・四国向けの北海道産魚肥の生産も急増した。それをめがけて北前船主が北海道へ殺到したために、明治時代前期に北前船の最盛期を迎えた。

それらのことを考えて本書では、「本州・四国・九州などに拠点を持ち、18・19世紀に北海道へ進出した商人船主の船」を北前船と考えたい。それらの船の多くは日本海航路で北海道へ進出したと考えられるが、北海道の太平洋岸で漁業を行った大規模な商人船主は、北海道産海産物を太平洋航路で江戸や大坂へ運んでいたので、北前船の活動は日本海航路に限られたわけではない。もちろん、近代初頭から神戸―横浜―函館間に定期汽船航路が開かれると、太平洋航路は主に定期汽船で輸送が行われるようになり、北前船の活動領域は日本海に限定されるようになった。そして日本海では、鉄道網・定期汽船網の整備が遅れたこともあり、19世紀末まで和船輸送が海運の中心であった。

本書では、第Ⅰ部が北海道、第Ⅱ部が日本海沿岸地域、第Ⅲ部が瀬戸内・畿内諸港と、西廻り航路に沿って北前船とそれら地域との関係を概説する。そして北前船主に関連するいくつかのテーマを補章で取り上げ、終章で、北前船が日本経済に果たした役割を、商品市場・金融市場・資本市場の側面から考察して、新たな北前船の見方を示す。

第Ⅰ部　北海道と北前船主

第1章　場所請負制と北前船

1　江戸時代の場所請負制

松前藩の置かれた江戸時代の北海道（蝦夷島）では、場所請負制のもとで漁業が行われ、農業がほとんど行えなかったため、藩の収益は漁業とその交易に負っていた。また藩領域に先住民のアイヌも多数居住していたため、松前藩は、アイヌの居住地域を蝦夷地に限定し、蝦夷地をいくつかの場所に区分して（図Ⅰ-1を参照）、そこでの漁業とアイヌとの交易を、松前藩城下や箱館湊・江差湊の商人に請け負わせた。場所請負人は、運上金《うんじょうきん》を藩に納め、請け負った場所で漁業を行ったり、請け負った場所へ本州など（本州・四国・九州）の産物を運んでアイヌと交易し、また漁獲物は松前藩城下や箱館湊・江差湊へ運んで、北前船などに販売した。

主な漁獲物は鯡《にしん》で、大部分が肥料に加工され、取引の主要な担い手は、蝦夷地で漁業を行った場所

図Ⅰ-1　江戸時代の北海道略図

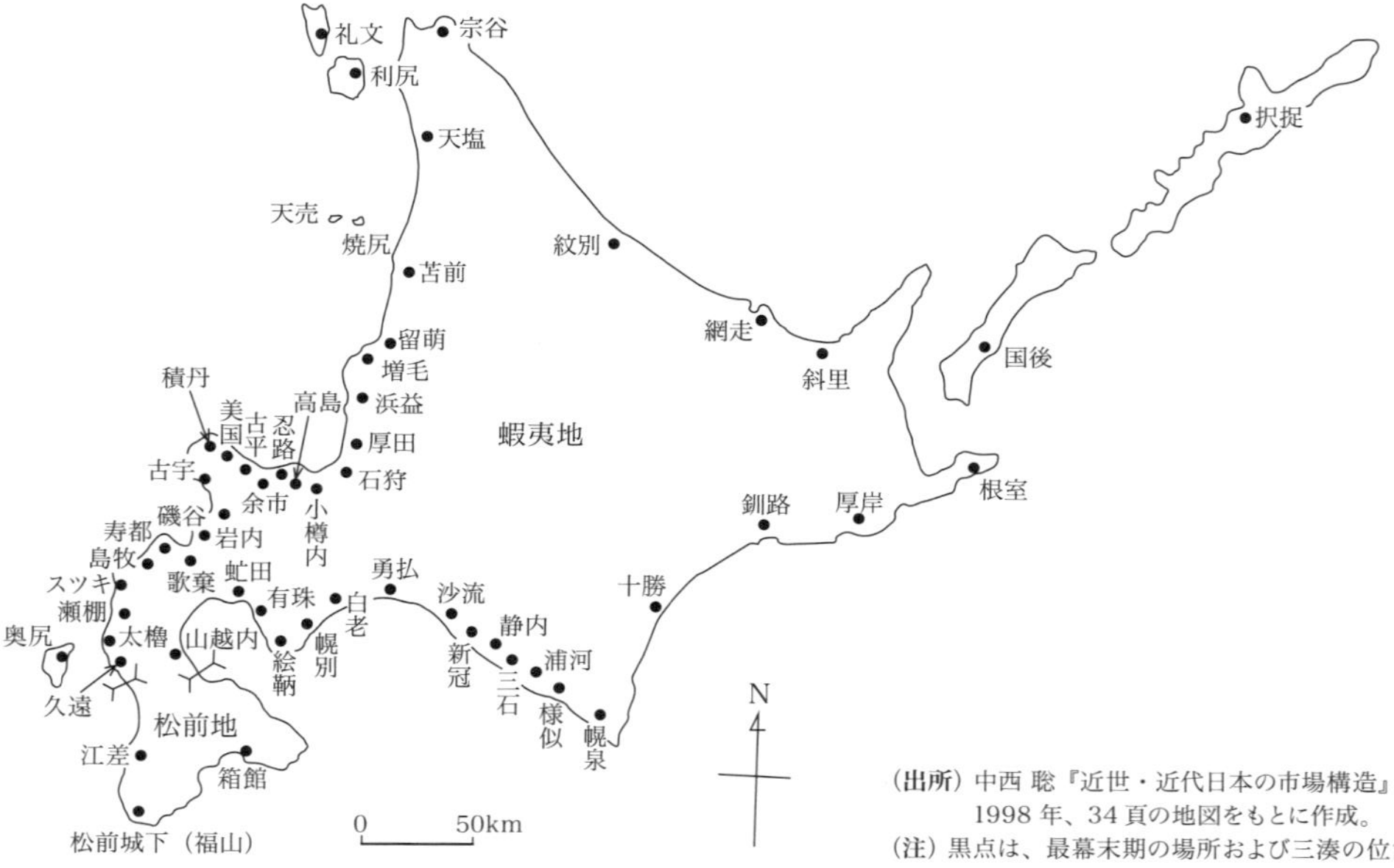

（出所）中西 聡『近世・近代日本の市場構造』東京大学出版会、1998年、34頁の地図をもとに作成。
（注）黒点は、最幕末期の場所および三湊の位置を示す。

請負人と北前船主であった。松前藩城下の福山湊や箱館湊・江差湊のみが本州方面との交易湊とされたため、場所請負人はこれら三湊に拠点を置く商人であった。ただし本拠を本州などに持ち、三湊に支店を置いて大規模に場所請負を行った商人も存在し、特に近江国に本拠を置く近江商人と、18世紀末に北海道に進出した江戸商人が大きな地位を占めた。これらの商人は、江戸・大坂などに本店・支店を設け、自ら多数の船を所有して北海道産物を自分の船で本州などの主要湊に運んで販売し、生産と輸送と消費地での販売を一貫して行う垂直統合経営を行った。一方、本州などに拠点を持たない場所請負人は、場所産物の大部分を三湊で北前船に販売し、北前船が三湊と本州方面の主要湊との間の買積経営を行った（中西聡『近世・近代日本の市場構造』）。

ここでは、近江商人系場所請負人の代表例として住吉屋（西川）伝右衛門家と柏屋（藤野）四郎兵衛家を、江戸商人系場所請負人の代表例として栖原《すはら》屋角兵衛家を、そして兵庫に本拠を置き、同様の垂直統合経営を行った高田屋嘉兵衛家を取り上げる。

なお、こうした場所請負制のなかでアイヌが場所請負人に雇われる雇用労働力化が進展するとされてきたが、その一方で「自分取出稼」のアイヌの存在もみられており、アイヌ社会は、幕藩体制のなかでさまざまな圧迫を受けつつも、彼らの文化を発展させてきた側面も持っていた（谷本晃久『近世蝦夷地在地社会の研究』）。

2　近江商人の北海道進出の先駆者・住吉屋（西川）伝右衛門家

近江国の八幡町・柳川村・薩摩村出身の商人が近江商人のなかで最も早く17世紀に北海道に進出したが、彼らは松前城下や江差湊で店を開き、両浜組という仲間組織を設立した。近江国八幡町の出身であった住吉屋も、17世紀に北海道に進出して両浜組に加入した。

松前藩の御用金を負担した両浜組は、18世紀の北海道において大きな勢力を持ち、共同で荷所船《にどころぶね》と呼ばれる船を雇うと同時に、有力な両浜組商人は商場（場所）請負へも進出した。

荷所船の船主は、越前国河野・敦賀・吉崎や加賀国橋立の船主が多く、両浜組商人は、北海道で集荷した漁獲物を、その荷所船で運ばせて、敦賀で荷降ろしさせた。敦賀では敦賀問屋がその荷を引き受け、敦賀から陸上を運び、琵琶湖を湖上輸送して大津納屋と呼ばれる大津の問屋に引き渡した。大津から先は、おそらく京都や大坂に運ばれ、または近江国で販売されたと考えられる。このように、北海道―敦賀―大津という流通ルートで18世紀の北海道産物は畿内に運ばれた。両浜組が何隻の船を雇ってどの船から順に荷物を積むかを決めることができた点で、荷所船主は両浜組の支配下にあったと考えられる（榎森進『北海道近世史の研究』）。

その後、1780年代になると、幕府老中の田沼が北海道の開発を計画したこともあり、江戸商人が松前城下に進出し始めた。幕府は1799～1822（寛政11～文政5）年まで蝦夷地を直轄したが、江戸商人の進出は、松前藩にとって新たなスポンサーの登場を意味し、江戸商人も松前藩の御用金を負担する代わりに商場（場所）請負を望むようになった。新たなスポンサーを得た松前藩は、両浜組に特権を与える必要がなくなり、免税特権を失った両浜組商人の経営は苦しくなった。その結果、両浜組商人の多くは北海道から撤退し、商場（場所）請負へ進出していた両浜組商人が北海道に残った。なお、商場請負は、アイヌとの交易のみの請負であったが、それ以外に蝦夷地での漁業を請け負う漁業請負があり、前述の幕府蝦夷地直轄後は、同じ場所の商場請負と漁業請負が同一の請負人に請け負わされたため、19世紀以降は、商場請負と漁業請負を併せて場所請負と呼ばれるようになった。

住吉屋は、18世紀から商場（場所）請負に進出し、19世紀以降も北海道に止まったが、主に小樽に隣接した忍路《おしょろ》場所・高島場所を請け負った。当初は、漁獲物は荷所船で運ばせたが、両浜組商人の減少とともに荷所船が運ぶ積荷の量が減ると、両浜組と荷所船の雇用関係が不安定になった。そこで荷所船主は両浜組から離れて、自ら買い入れた商品を輸送して販売する買積経営を行うようになった。それに対し住吉屋は、自身も船を所有し、自分の船で場所産物を敦賀・大坂・兵庫に運んで取引するようになった。

19世紀中葉の住吉屋は、当初は請負場所のうち一部の優良漁場のみで操業していたが、操業場所を徐々に広げ、大坂に出店を設けるなどして経営規模を拡大した。表I-1を見よう。1843（天保14）年に4隻であった住吉屋手船（自己所有船）は、60（万延元）年に6隻に増加し、船の規模も積

表Ⅰ－1　住吉屋西川家手船運航状況

年	船名	積石数	主要寄港地
1843	安全丸	862	大坂→福山→室津→下関→福山→［高島］→福山→敦賀
	金袋丸	不明	大坂→敦賀→福山→［忍路］→福山→下関
	住徳丸	不明	福山→酒田→福山→［高島］→福山→［高島］→石狩→留萌→福山
	善通丸	不明	大坂→箱館→大坂→福山→［磯谷］→福山→大坂
1860	安全丸	995	大坂→福山→［忍路］→福山→敦賀→福山→［忍路］→福山→兵庫→大坂
	金袋丸	989	大坂→福山→［高島］→福山→敦賀→福山→兵庫→大坂
	至善丸	926	大坂→福山→［忍路］→福山→敦賀→福山→兵庫→大坂
	扇　丸	798	敦賀→福山→［高島］→福山→敦賀→下関→大坂
	住徳丸	702	江戸⇒福山→［忍路］→福山→加茂→福山→［高島］→福山
	中乗丸	637	那珂湊⇒福山→［高島］→福山→［忍路］→福山⇒江戸
1870	安全丸	978	（敦賀）→（福山）→［忍路］→［高島］→福山→敦賀→大阪
	勇　丸	960	大阪→下関→福山→［高島］→福山→大阪
	金袋丸	838	大阪→下関→敦賀→福山→［高島］→福山→上方
	中乗丸	767	下関→秋田→福山→［忍路］→福山→上方
	安吉丸	741	大阪→兵庫→福山→［忍路］→福山→上方
	明運丸	650	大阪→下関→福山→［忍路］→福山→下関

（出所）　中西聡『海の富豪の資本主義』名古屋大学出版会、2009年、67頁の表1－4より作成。

（注）　積石数は素間尺で示し、安政4年「記録」、万延元年「諸用留」（以上西川伝右衛門家文書、真崎俊朗氏所有、滋賀大学経済学部附属史料館保管）より推定。⇒は太平洋航路。［　］で囲んだ場所は、住吉屋西川家の請負場所。（　）内は推定。

石数1千石近くまで大型化した。1843年は、大坂と松前城下の福山を往復し、1年に1回程度忍路と高島へ赴いた。1860年時点では、すべての手船が請負場所へ赴くとともに、大坂まで行かずに敦賀で折り返すことで北海道・本州間を2往復した。敦賀は、荷所船輸送の時期から重要な流通拠点で、敦賀に荷揚げされた積荷はそこから近江地方に運ばれて販売されたと考えられる。1860年の住吉屋手船は、江戸へも赴いたが、江戸は大消費地として食用の魚の需要が多く、鮭を塩漬けにして江戸に運んで販売した。もっとも近代に入り1870（明治3）年になると東京（江戸）との取引はなくなり、北海道と大阪が結ばれた。

松前藩が、幕末になって出稼ぎ漁民の蝦夷地での操業を部分的に認めるようになったため、1860年代になると、出稼ぎ漁民との競合から住吉屋の漁獲量も以前ほど上がらず、場所経営は不安定になった。それに対して、1860年代は、畿内での北海道産魚肥《ぎょひ》需要の増大から、大坂の北海道産魚肥価格がかなり上昇し、手船経営は安定して高利益を上げていた。幕末・維新期の住吉屋は、場所経営の損失を手船経営の利益でカバーしていたといえる。

明治維新の翌年に場所請負制は廃止されたが、西川家は旧請負場所であった忍路に北海道の拠点を移し、忍路郡・高島郡で漁業を継続した。西川家の1880年代後半の漁業経営では、日本郵船会社の汽船輸送を利用したり、電信による情報伝達を駆使しており、近代的経営への展開が目指されていた（菅原慶郎「明治中期におけるニシン漁夫の雇用システム」）。そして1890年代から北見国に新漁場を開き、北海道有数の網元となった。北海道での西川家の新事業として缶詰事業があり、1888年からタラバ蟹の缶詰を製造した。西川家製造の缶詰は高品質で、1885年の第4回内国勧業博覧会に出品されて有功三等賞を受けたが、贅沢品のため販路は広がらなかった（上村雅洋『近江商人の経営史』）。

3 蝦夷地奥地の巨大場所請負人・柏屋（藤野）四郎兵衛家

柏屋は、近江国下枝の出身で、1800（寛政12）年に松前城下の福山湊に出店を設けて北海道産物の取引を始め、06（文化３）年に余市場所を請け負ったのをはじめに、次々と蝦夷地奥地の各場所を請け負い、30年代には最大の運上金を納める場所請負人に成長した。柏屋は、近江に本家、大坂・京都・松前城下・箱館に出店を構えたが、八幡町・柳川村・薩摩村出身ではなかったため、北海道への進出は両浜組商人より遅く、両浜組に参加しなかった。福山湊に進出してすぐに柏屋は手船を所有し始め、１８０５年に和船７隻、39（天保10）年に14隻、57（安政４）年に20隻を所有し、明治に入ると和船所有数は減少したが、西洋型帆船への転換を進め、89（明治22）年以降は汽船を所有した。柏屋は、日本海側と太平洋側の両方に大規模な請負場所を持っていたため、福山店に加えて箱館出張店を持っており、幕末期に箱館が開港されて、幕府が箱館近辺と蝦夷地を再度幕領とすると、１８５８年に北海道の本拠を箱館に移した。

その前年の１８５７年の柏屋手船の運航状況を表Ⅰ-2で示した。全体として、宗谷・利尻・枝幸・斜里など日本海とオホーツク海沿岸の請負場所へ向かった船は福山湊を、根室・国後など太平洋岸の請負場所へ向かった船は箱館湊を運航の拠点としていた。そして北海道・江戸（浦賀）間の太平洋航路に従事した船が、20隻のうち10隻に上り、江戸との結びつきが急速に強まっていた。また根室・箱館間の輸送が目立ったが、柏屋は、箱館開港が現実的となった１８５０年代後半に輸出向け昆布に目をつけ、根室場所で昆布場の開設を進めており、それらの昆布を箱館に運んだと考えられる。

江戸との結びつきの強まりは、住吉屋手船の１８６０（万延元）年の運航状況にも見られ、幕府によ

表Ⅰ－2　1857年柏屋藤野家手船運航状況

船名	建造	石数	主要寄港地
住吉丸	敦賀	1,071	大坂→敦賀→福山→[斜里]→福山→[斜里]→福山→兵庫
三宝丸	大坂	1,029	大坂→敦賀→箱館→[根室]→箱館→[根室]→箱館⇒江戸
常昌丸	大坂	1,029	下関→敦賀→福山→阿波→箱館→[根室]→福山→[根室]→福山⇒江戸
二見丸	敦賀	978	(大坂)→敦賀→箱館→[国後]→箱館→[国後]→箱館→吉岡→大坂
喜保丸	大坂	939	大坂→敦賀→(箱館)→[根室]→箱館→[根室]→箱館→[根室]→[国後]⇒江戸
幸甚丸		852	大坂→敦賀→福山→増毛→福山→[国後]→福山→上方
長者丸	敦賀	839	江戸⇒福山＜御用＞福山→[宗谷]→福山→[利尻]→福山→兵庫
正直丸	大坂	826	大坂→敦賀→箱館→[根室]→箱館→[国後]→箱館→[標津]⇒江戸
山王丸	敦賀	825	大坂→敦賀→福山→[利尻]→[宗谷]→[枝幸]→福山→[利尻]→福山→兵庫
正利丸	大坂	820	下関→敦賀→福山→阿波→敦賀→福山→[利尻]→[宗谷]→福山⇒浦賀
栄　丸	大坂	708	大坂→敦賀→福山→兵庫→福山→増毛→福山→上方→福山→浜益→福山⇒江戸
住栄丸	大坂	656	福山→敦賀→福山→[利尻]→福山→樺太→福山→[宗谷]→吉岡→福山→箱館⇒江戸
青雲丸	大坂	640	[厚岸]→福山→下関→福山→箱館→[根室]→箱館⇒江戸
萬代丸		550	敦賀→福山→大坂→福山→小樽内→福山→敦賀→福山→[根室]
都　丸	敦賀	531	大坂→？→大坂→敦賀→福山→[枝幸]→樺太＜破船＞
喜長丸		340	大坂→敦賀→福山→[利尻]→吉岡→福山→吉岡
天神丸		不明	福山→兵庫
幸　丸		不明	江戸⇒福山→岩内→福山→酒田→福山
神恵丸		不明	福山→[利尻]→吉岡
若松丸		不明	福山→[利尻]→吉岡→福山

（出所）　中西聡『近世・近代日本の市場構造』東京大学出版会、1998年、125頁の第4－7表より作成。
（注）　⇒は太平洋航路。[　]で囲んだ場所は柏屋藤野家の請負場所。(　)内は推定。

る蝦夷地再直轄以降、場所請負人の手船輸送を中心に、北海道と関東を結ぶ太平洋航路が本格的に発展した。ただし、1870年の住吉屋手船は日本海航路を専ら運航しており（表Ⅰ－1）、太平洋航路の中心的担い手は和船の場所請負人手船から西洋型帆船・汽船を所有した近代的海運業者へ転換したと考えられる。実際、1870年設立の半官半民の廻漕会社は、同年に東京・函館間の航路を開設し、アメリカの太平洋郵船会社も同年に横浜・函館間の不定期航路（翌年に定期）を開設した。こうして場所請負人手船による北海道・江戸間航路への進出は、北海道産物の太平洋沿岸航路による輸送に道を開き、その後の函館・横浜間定期航路の先鞭をつける役割を果たした。

なお、柏屋の江戸時代の経営の特徴は、大規模な場所請負経営と手船経営と大坂での問屋経営を組み合わせたことにあったといえる。そして柏屋大坂店は大坂の代表的な北海道産物荷受問屋として活躍し、明治時代になってから１８８８年に大阪店が柏屋全体の本店となった。

明治維新以降も藤野家（柏屋）は、北見国・根室国など北海道奥地に広大な漁場を所有し、年間１千人以上の漁夫を雇っていた。ただし、１８９０年代に入ると人件費の増大で欠損が続くようになり、20世紀に入ると漁場は次第に減少した。そのなかで藤野家は経営多角化を進め、汽船経営の拡大と缶詰事業と農牧業への展開を図った。汽船経営では汽船３隻を所有し、函館を拠点として本州方面と道内各地に航路を開き、缶詰事業では藤野家分家の辰次郎が１８８７年に官営工場の別海缶詰所の払下げを受け、95年には標津《しべつ》にも缶詰工場を建設した。なお、缶詰事業は藤野辰次郎が独自に経営したとも考えられている（坂野鉄也・堀井靖枝「初代藤野辰次郎について」）。そして農牧業は、１８９３年の網走牧場の開設に始まり、旭川周辺を中心に大規模な牧場を開き、藤野辰次郎も標津で牧場経営を行った。しかし、農牧業の急速な拡大は、人件費・飼料費の急増をもたらし、大きな負担となって多額の損失を計上して１９１０年代になると藤野家の事業整理が進められた。

４　江戸問屋・栖原屋（栖原）角兵衛家の北海道進出

北海道と江戸との結びつきは、１７８０年代に老中田沼が北海道の開発を計画してから強まったと考えられるが、その流れに沿って江戸商人がこの時期北海道へ進出した。栖原屋（栖原）角兵衛もその一人で、江戸で材木問屋を営んでいた栖原屋は、材木を求めて18世紀後半に陸奥国下北半島の大畑に支店を開設していたが、その大畑店を閉鎖して１７８５（天明５）年に松前城下に材木問屋と海産物問屋を兼ねた出店を開設した。大畑支店時代から北海道の海産物に着目していた栖原屋は、北海道に進出すると松前藩の御用金を引き受けるとともに商場（場所）請負を行うようになった。最初に請け負ったのは、天塩・苫前・留萌といった日本海沿岸の奥地であったが、その後十勝場所など太平洋沿岸地域も請け負うようになり、前述の柏屋と同様に巨大な場所請負人となった（田島佳也『近世北海道漁業と海産物流通』）。

１７９９～１８２２（寛政11～文政５）年に幕府が蝦夷地を直轄した時期に栖原屋は、幕府の「箱館産物会所」用達に任命され、樺太と宗谷の間に定期航路を開設した。そして樺太の場所請負を同じ「箱館産物会所」用達の伊達屋（伊達家）と共同で請け負い、樺太に加えて１８４１（天保12）年からは択捉場所も両家で共同請負するに至り、それらは明治維新後の場所請負制廃止まで続いた。

また栖原屋は18世紀後半から手船も所有したと考えられ、１８７３（明治６）年には和船10隻を所有していた。そして１８４３年に大坂に北海産荷受問屋を、50年代に江戸に海産物問屋を開店したので、手船で運んだ北海道産物は江戸や大坂へ運んで栖原屋支店を通して販売されたと考えられる。なお栖原屋と共同請負を行った伊達屋も江戸に本店を持つ商人で手船を所有しており、共同請負場所以外にも増毛場所などを単独で請け負った有力な場所請負人であった。伊達家は、明治維新後北海道産物の委託販売契約を1875年に三井組と結び、伊達家手船で北海道産物を東京と大阪の三井組国産方へ送り、そこでの販売を伊達家が三井組に委託するものであった。同時に三井組は、伊達家所有の土地・建物・漁具を担保として2万円を伊達家に融資しており、1875年の樺太・千島交換条約で樺太の漁場を失うこととなり、経営危機を迎えた伊達家が三井組と結んで活路を求めたと推測できる。

栖原家も同様に、1875年の樺太・千島交換条約で樺太の漁場を失っており、76年に三井物産会社と三井銀行が設立されると、77年に三井銀行は栖原家に1万3000円の資金融通を行った。栖原家はその後1882年にかけて西洋型帆船6隻を購入して海運業の近代化を図り、新規漁場の開設など経営拡大を目指したが、85年に経営危機に陥り、三井物産会社と北海道海産物の委託販売契約を結んだ。同時に三井物産は、栖原家所有の漁場を担保に栖原家に融資しており、三井物産の管理のもとで栖原家の再建が目指された（田中修『日本資本主義と北海道』）。

5　幕府定雇船頭・高田屋嘉兵衛家の北方開発

日露交渉の先駆者として様々な小説の題材となってきた高田屋嘉兵衛は、兵庫の廻船問屋の船の船乗りとなり、1796（寛政8）年に和船を所有して独立した。この年に嘉兵衛は初めて北海道の箱館を訪れ、両浜組商人が勢力を保っていた福山湊（松前城下）や江差湊ではなく、幕府の蝦夷地開発計画で脚光を浴び始めた箱館湊を北海道での拠点に定めた。そのことが、1799年の幕府蝦夷地直轄後に幕府と高田屋を結びつける契機となり、高田屋は幕府用達として幕府の物資の輸送にあたることとなった。高田屋は、1798年時点で5隻の和船を所有していたと考えられるが、99年には幕府の命を受けて、択捉航路を開くとともに、官船の建造を請け負い、1800年に幕府定雇船頭となってそれらの運航を任された（柴村羊五『北海の豪商　高田屋嘉兵衛』）。

その後も高田屋は19世紀初頭に大坂と江戸に支店を開設し、幕府蝦夷地直轄でいったん廃止された場所請負が再開されると、1810（文化7）年から択捉場所・幌泉場所を、15年から根室場所を請け負うことになった。択捉場所・根室場所では鮭・鱒が主要漁獲物で、幌泉場所では昆布が主要産物であったが、いずれも太平洋沿岸のなかでは産物の豊富な場所であり、太平洋沿岸を請け負った場所請負人のなかで高田屋が最大の運上金を納めた。

その間1812〜13年に嘉兵衛はロシア艦に拿捕されてロシアに抑留されたが、ロシア語を習得して自力でロシア側と交渉して事件を解決に導いたことで、高田屋の勢力は衰えなかった。嘉兵衛の驚嘆すべき才能と努力のたまものといえる。そして嘉兵衛の後を継いだ金兵衛が1824（文政7）年に本店を箱館に移転し、兵庫店を支店としたが、この頃が高田屋の全盛期であったと考えられる。その前年の1823年に幕府の蝦夷地直轄が終了し、松前藩に蝦夷島が復領されたが、北海道での有力な後ろ盾を失った高田屋は、結果的に密貿易の疑いをかけられて松前藩によってとり潰された。没収された高田屋の資産として38隻の船があり、そのうち12隻が公売された（原喜覚『高田屋嘉兵衛と北方領土』）。このとき3隻を前述の柏屋（藤野家）が取得し、また柏屋は高田屋処分後に根室場所を請け負い、以後柏屋が太平洋岸を請け負った場所請負人のなかで最大の運上金を納めた。

6　場所請負商人の手船経営

江戸時代の北海道での場所請負制では、大規模な場所請負人はいずれも手船を所有して、場所産物を手船で江戸・大坂・近江国などへ運んで販売していた。このように場所経営と手船経営は密接に関連しており、本書冒頭で述べた北前船の考え方に基づけば、本州に拠点を持ち、18・19世紀に北海道へ進出して大規模な場所請負を行った場所請負商人の手船経営も北前船経営と考えることができる。そうした場所請負商人の手船経営は、積荷は買い入れたものではなく北海道で自ら生産したものとはいえ、地域間価格差を活かした商取引の一環であり、本拠からみれば「北の海への進出」であった。そして場所請負商人の手船経営は、荷所船の買積経営への転換と時期を同じくして18世紀末から19世紀初頭に展開しており、その後の北前船時代の先駆けとなったのである。

第2章　北海道漁業と北前船

1　ニシンの産地・北海道

現代の北海道漁業では、鮭・鱈・カニなど食用としての北洋漁獲物が中心であるが、19世紀の北海道漁業では、沿岸で漁獲された鯡《にしん》が中心であった。鯡は「さかなへん」に「非（あらず）」と記すように、主に食用ではなく、肥料として用いられた。鯡は、春から夏にかけて北方から北海道の日本海沿岸やオホーツク海沿岸に群来し、沿岸で漁獲された鯡の大きなものは、身の部分は裂かれて身欠鯡として食用にされ、残りの背骨と頭部・腹部が胴鯡として肥料に用いられた。また漁獲された鯡のうち小さめのものは、釜で煮られ、油分と水分が絞られた残りが〆粕として肥料に用いられた。

北海道産鯡魚肥は、主に日本海航路を経由して北陸・瀬戸内・畿内に運ばれ、19世紀後半には日本で最大の販売肥料として日本農業を支えた。日本海航路では、近代に入っても、定期汽船航路の定着が遅れ、20世紀初頭まで北前船が活躍しており、北海道産鯡魚肥は北前船の最大の積荷としてその主要な利益源泉となった。

2　明治維新と北海道漁業

前述のように、江戸時代の北海道において、北海道産鯡魚肥取引の主要な担い手は、蝦夷地で漁業を行った場所請負人と北前船主であったが、明治維新の後に松前藩がなくなると、場所請負制度が廃止され、蝦夷地の漁場は広く一般の漁民に開放された。それをきっかけに多くの漁民が来道して北海道各地に定着したが、同時に、松前城下に本拠を置いた江戸時代以来の旧場所請負人も旧請負場所へ転住して大規模に漁業を継続した。むろん、本州に拠点のあった旧場所請負人は、本州の本拠は維持し続けたが、北海道での拠点を松前城下から函館や旧請負場所へ移した。そして大規模に漁業を継続し、北海道漁獲物を自分の船で本州の主要港に運んで販売する垂直統合経営を維持した。

表I-3を見よう。最幕末期の場所請負人で近代以降の動向がある程度わかる家を示したが、主に日本海沿岸・オホーツク海沿岸で旧場所請負人は大規模に漁業を継続した。特に、近江出身の柏屋藤野家や住吉屋西川家、江戸に本拠を置いた栖原屋栖原家などは、場所請負を行っていた時期以上に、明治時代に漁業経営を拡大したと考えられ、北海道を代表する巨大漁業家となった。

江戸時代に魚肥の中心であった房総地方産の鰯魚肥が、1880年代の鰯漁の不漁で衰退したなかで、それに代わって北海道産鯡魚肥が日本各地に普及するに至り、場所請負時代に優良漁場を確保していた旧場所請負人にとって、漁業経営拡大の絶好の機会が訪れた。そのため、日本海沿岸・オホー

表Ⅰ-3　旧場所請負人の近代北海道漁業経営

船の単位：隻

屋号(姓)	本拠	船	請負場所	明治後期の漁業経営(建網場所有)
柏屋(藤野)	近江	10	根室・国後・北見地方	根室郡・北見地方等で大網408ケ統
住吉屋(西川)	近江	9	忍路・高島	忍路・高島・浜益・宗谷郡等で建網98ケ統
恵比須屋(岡田)	近江	2	絵鞆・幌別・古平・小樽内	小樽・宗谷郡・樺太で漁場所有
福島屋(田付)	近江	1	古宇	古宇郡で建網4ケ統
山崎屋(田付)	近江	2	寿都	寿都郡で建網2ケ統
浜屋(平田)	近江		太櫓・厚田	漁場を栖原家へ売却(1873年)
栖原屋(栖原)	江戸	16	山越内・留萌・苫前・天塩・択捉	留萌・苫前郡等で大網305ケ統
伊達屋(伊達)	江戸	9	山越内・増毛・択捉	増毛郡で建網18ケ統(栖原へ委託)
米屋(佐野)	越後	2	釧路	漁業より撤退(1880年)
小川屋(小川)	松前城下	1	島牧・スツキ	島牧郡で建網11ケ統
升屋(佐藤)	松前城下	1	歌棄・磯谷	歌棄・磯谷・寿都郡で建網25ケ統
仙北屋(佐藤)	松前城下	1	岩内	漁業より撤退(1880年代)
岩田屋(岩田)	松前城下	4	積丹・美国	積丹・美国・増毛郡等で建網38ケ統
竹屋(林)	松前城下	5	余市	余市郡で建網17ケ統
中川屋(本間)	箱館	1	浜益	浜益・増毛郡等で建網25ケ統
山田屋(山田)	箱館	3	厚岸・沙流・勇払	漁業より撤退(19世紀末)
福島屋(杉浦)	箱館	5	幌泉・十勝	第百十三国立銀行頭取
万屋(佐野)	箱館	3	静内・浦河・様似	醤油醸造業
小林屋(小林)	箱館	2	三石	三石郡で漁場所有
浜田屋(井口)	箱館	2	新冠	函館区会議員
野口屋(野口)	箱館	1	白老	白老郡で建網1ケ統
和賀屋(白鳥)	箱館		有珠	函館戸長

（出所）　前掲中西聡『近世・近代日本の市場構造』90–91、195頁、前掲中西聡『海の富豪の資本主義』40–41頁、出雲崎町教育委員会編『出雲崎町史』海運資料集（2）、出雲崎町、1996年、391-399頁より作成。

（注）　最幕末期の場所請負人とその請負場所を取り上げ、江戸時代の本拠、幕末・明治時代に所有した推定最多船数、明治時代後期（1890年頃～1910年頃）の漁業経営（建網場所有）規模を示した。漁業経営が不明の場合は判明した職業を示した。柏屋の請負場所の北見地方は、利尻・礼文・宗谷・紋別・網走・斜里の6場所。建網場所有数は、判明した分で最大規模の時期の所有数を示したので、経営の全体を示すわけではない。

ツク海沿岸を請け負っていた旧場所請負人は場所請負経営で得た資金を、漁業経営の拡大に投入し、北海道の銀行・会社設立にはあまり投入しなかった。むしろ、鯡漁とあまり関係のない太平洋沿岸を請け負っていた函館港の旧場所請負人が、漁業から撤退して函館の行政に携わったり、函館の銀行設立に参加した（『函館市史』通説編第2巻）。

3　北前船主と三井物産の競争

一方、北前船主は、北海道での交易場所が松前城下（福山）・箱館・江差の三湊に限らなくなったため、北海道奥地へ赴いて鯡魚肥を産地で直接買い付けるようになった。もっとも三湊のうち箱館は、幕末に開港場となり、明治時代に定期汽船航路の寄港地として港が発達したため、函館に拠点を設けた北前船主も多かった。19世紀後半の北海道産鯡魚肥市場の拡大で、北前船主もビジネス・チャンスを得たが、近代に入ると北海道市場の将来性に着目した三井物産も北海道産鯡魚肥市場に参入した。三井物産は、函館・小樽に支店を設けて荷為替金融と汽船運賃積を組み合わせた委託販売方式で漁民から漁獲物を集荷した。三井物産より経営規模がかなり小さかった北海道の海産物商、北前船主そして大阪の廻船問屋は、互いに競争することを止め、組合を作って共同歩調をとり、集団間の継続的取引を行うことで、三井物産に対抗した。すなわち北海道の海産物商が共同で商社を設立して三井物産と漁獲物の集荷競争を行い、石川県・福井県の北前船主が中心となって１８８７（明治20）年に北陸親議会という組合を結成して取引慣行を統一し、大阪の廻船問屋の組合との間で排他的な取引関係を結んだ（中西聡『近世・近代日本の市場構造』）。

こうした取引関係の連鎖のかなめは北前船で、北海道・畿内間の価格差が急拡大した幕末・維新期に巨額の利益を得た北前船は、その資金力を活かして、漁獲物の買い付け資金を北海道の海産物商に前渡しし、大阪では魚肥の販売代金を後日払いとすることで、取引相手に事実上の資金融通を行った。こうした江戸時代以来の買積形態を維持しようとした北前船の努力により、三井物産は北海道産鯡魚肥市場で十分なシェアを獲得することができず、結局19世紀末に北海道から一時的に撤退した。地域の資本が強力に連携することで中央資本との競争に勝利したといえる。

4　北前船主の漁業経営

19世紀末に日本海沿岸地域の代表的資産家となった北前船主であったが、20世紀に入り定期汽船航路が整備されると、地域間価格差が縮小して、北前船経営の利益率は大幅に減少した。そのなかで海運業から撤退した北前船主も多かったが、なかには北海道漁業に進出して、より安価な漁獲物の確保を目指した船主もいた。表Ⅰ-4を見よう。北陸親議会の中心メンバーとなった石川県塩屋・瀬越・橋立の北前船主には北海道に漁場を所有した船主が多数存在し、特に利尻郡・礼文郡・宗谷郡など奥地で大規模に漁業経営を行った。

これらのなかで北洋漁業の様相が明らかなのは西谷庄八家で、同家は、1906（明治39）年に樺太庁から同地の開拓への協力要請を受け、南樺太の大泊など数ケ所に支店出張所を設置した。そして1920（大正9）年に樺太で西谷海運株式会社を設立し、北樺太の亜港にも出張所を設けて、南樺太のみでなく北樺太の物資も扱った（高野宏康「小樽に進出した北前船主・西谷家」）。

表Ⅰ－4　北前船主の北海道・樺太地域漁場所有

船の単位：隻

氏名	出身	船	近代期の漁場所有
右近権左衛門	越前河野	21	高島・小樽・増毛郡で建網場10数ケ所
大家善太郎	越前崎浦	2	利尻郡で建網場2ケ所
大家善六	越前崎浦	3	札幌郡で建網場7ケ所
浜中又吉	加賀塩屋	3	古宇・岩内・宗谷郡で建網場10数ケ所
浜中又左衛門	加賀塩屋	1	古宇・岩内郡で建網場10数ケ所
新後せい（長三郎）	加賀塩屋	1	宗谷郡で建網場2ケ所
廣海二三郎	加賀瀬越	11	余市郡で漁場所有
角谷甚吉	加賀瀬越	4	積丹・忍路・厚田・浜益郡で建網場10数ケ所
板谷吉五郎	加賀瀬越	3	礼文郡で建網場10ケ所
増田又三郎	加賀橋立	2	利尻郡で漁場所有
平出喜三郎	加賀橋立	2	択捉で建網場60数ケ所
忠谷久五郎（久蔵）	加賀橋立	4	奥尻・根室郡で建網場30数ケ所
西出孫左衛門	加賀橋立	8	紋別・礼文郡で建網場10数ケ所
西谷庄八	加賀橋立	2	樺太で漁場所有
増谷祐二	加賀橋立	2	宗谷郡で建網場2ケ所
酒谷長平	加賀橋立	7	古宇・岩内郡で漁場所有
酒谷長一郎（長作）	加賀橋立	3	岩内・網走郡・樺太で建網場10数ケ所
林清一	加賀大聖寺	2	忍路・苫前郡で漁場所有
熊田源太郎	加賀湊	10	樺太で漁場所有
梶栄次郎	越中東岩瀬	4	礼文郡・樺太で漁場所有

（出所）　前掲中西聡『海の富豪の資本主義』145・275頁、北海道各郡『漁業原簿』（北海道立文書館蔵）、「北海産荷受問屋組合沿革史」（黒羽兵治郎編『大阪商業史料集成』第６輯、1940年、復刻版清文堂出版、1984年）中西聡「北前船主系汽船船主の多角的経営展開」（『三田学会雑誌』第113巻第２号、2020年）より作成。

（注）　氏名欄の括弧内は代替わり。出身は幕末期、船数は近代期の最大規模時点の自己所有帆船数。漁場所有規模は、判明した分で最大規模の時期のものを示したので、経営の全体を示すわけではない。

こうして、20世紀初頭の北海道鯡漁業は、多数の船を所有して垂直統合経営を進めた巨大網元により主に担われるようになり、鯡漁の最盛期を迎えた。そして、垂直統合経営を進めた旧場所請負人や、北陸親議会を組織して三井物産と対抗した北前船主は、資本蓄積を、漁業経営の拡大や取引相手への資金融通に専ら投入した。ただし、１９１０年代に鯡が不漁になるとともに彼らの経営は苦しくなり、漁業・海運経営から撤退した。

第Ⅱ部　北の海へ向かった北前船主

第1章　東北地方の北前船主

1　東北日本海沿岸地域の諸会社

本章では東北地方と北前船との関係を述べるが、前章で述べたように北前船は主に日本海航路を活躍の舞台としたので、東北地方の北前船主は、東北地方の日本海沿岸地域（陸奥湾を含む）に所在した。よって、陸奥湾から庄内地域にかけての東北日本海沿岸地域を対象として、北前船主がそれらの地域の経済発展に果たした役割を考えてみたい。

近代日本では1880年代後半～90年代にかけて各地で会社設立が急増する「企業勃興」現象が生じたが、それが一段落した1900（明治33）年時点の東北日本海沿岸地域の主要会社を表Ⅱ-1で示した。北海道と異なり、1900年時点でも、東北日本海沿岸地域では主要会社はほぼ銀行に限られ、規模の大きい製造業会社は全く見られなかった。

表Ⅱ－1　1900年初頭青森・秋田・山形県日本海沿岸地域主要会社

資本金の単位：万円

県	会社名	所在	創業年	資本金	主要役員
青森	青森銀行	青森	1893	24.0	(頭)渡邊佐助、(取)伊東善五郎、石郷岡善蔵
青森	青森商業銀行	青森	1894	22.0	(頭)大坂金助、(取)長谷川茂吉、木村圓司
青森	青森県農工銀行	青森	1898	15.0	(頭)高木毅文、(取)淡谷清蔵、野村治三郎
青森	木造両盛銀行	木造	1893	8.1	(専)市田兵七、(取)葛西熊吉、塩見龍太郎
青森	上北銀行	野辺地	1896	7.8	(頭)野村新八郎、(取)野坂勘左衛門、(相)野村治三郎
青森	青森電燈	青森	1896	6.0	(社)渡邊佐助、(取)淡谷清蔵、大坂金助
秋田	秋田銀行	秋田	1896	50.0	(頭)池田甚之助、(副)辻兵吉、(取)野口銀平
秋田	第四拾八銀行	秋田	1878	30.0	(専)近江谷栄次、(取)高久景福、羽生氏熟
秋田	秋田農工銀行	秋田	1898	30.0	(頭)成田直衛、(取)辻兵吉、小松亮太郎
秋田	本荘銀行	本荘	1894	7.8	(専)佐々木藤吉、(取)長田文五郎、工藤勘吉
秋田	秋田汽船	土崎	1896	6.0	(専)野口銀平、(取)高橋吉兵衛、竹内長九郎
秋田	物産委托	土崎	1888	4.3	(専)加賀谷保吉、(取)加賀谷長兵衛、金子小四郎
山形	六十七銀行	鶴岡	1878	25.0	(頭)春山安勤、(取)風間幸右衛門、(監)秋野直吉
山形	本立銀行	酒田	1888	7.2	(専)本間光美、(取)本間光訓、本間光幸
山形	荘内銀行	酒田	1897	5.0	(専)小山太吉、(取)芳賀七右衛門、池田藤八郎
山形	鶴岡銀行	鶴岡	1898	4.5	(専)鎌田三右衛門、(取)秋野直吉、木村九兵衛

（出所）由井常彦・浅野俊光編『日本全国諸会社役員録』第4巻、柏書房、1988年より作成。

（注）日本海沿岸地域として、陸奥湾を含む日本海に面して海岸から10km程度以内の内陸地域を想定した。資本金は、払込資本金で、払込資本金額4万円以上の株式会社（銀行を含む）を挙げた。主要役員欄は取締役以上の役員で主要な者を3名挙げたが、北前船主の野村治三郎と秋野直吉については相談役・監査役でも示した。(頭)は頭取、(社)は社長、(専)は専務取締役、(副)は副頭取、(取)は取締役、(相)は相談役、(監)は監査役。

青森県では、青森で比較的規模の大きい銀行が設立されたが、青森銀行頭取の渡邊佐助・青森商業銀行頭取の大坂金助はいずれも醸造業者であった。上北銀行頭取の野村新八郎、上北銀行取締役の野坂勘左衛門、そして青森県農工銀行取締役の野村治三郎も醸造業者であったが、野村治三郎家や野坂勘左衛門家は江戸時代後期から明治時代前期にかけて和船を所有し続けた有力な北前船主であった。その他、青森銀行取締役で廻船問屋であった伊東善五郎など、海運の担い手もある程度青森県で銀行経営に関わった。

それに対して秋田県では、秋田で比較的規模の大きい銀行が設立されたものの、秋田銀行頭取の池田甚之助と秋田農工銀行頭取の成田直衛はいずれも大地主であった。そして第四拾八銀行頭取の近江谷栄次は荒物商、秋田銀行副頭取と秋田農工銀行取締役を兼ねた辻兵吉は呉服太物《ふともの》商（呉服は絹織物、太物は綿織物）と、大地主と秋田商人によって秋田県の銀行は主に経営されたといえる。秋田県には大規模な北前船主は存在せず、秋田城下の外湊であった土崎では、廻船問屋の野口銀平・高橋吉兵衛らが秋田汽船会社を設立したもののその規模は小さかった。

秋田県能代港廻船問屋の引札

（神戸大学海事博物館所蔵）

山形県日本海沿岸地域の庄内地域では、鶴岡と酒田でそれぞれ銀行が設立されたが、本間家・風間家のような巨大地主が銀行経営に携わった。酒田港の廻船問屋の小山太吉や、鶴岡城下の外港であった加茂の北前船主であった秋野直吉なども銀行経営に関与したが、関与した銀行の規模はそれほど大きくなく、庄内地域では企業勃興はあまり進展しなかった。

表Ⅱ-1に登場した青森県野辺地の野村治三郎家と野坂勘左衛門家および山形県加茂の秋野直吉家は、東北地域を代表する北前船主であり、19世紀末時点ではそれぞれ地元銀行の経営に関与していたが、その後の地域経済との関わり方は大きく異なった。これらの家を比較することで、東北日本海沿岸地域経済と北前船主の関連を考えることにしたい。

2 「りゅうごいち」野村治三郎家の北前船経営

野村家は、陸奥湾に面し、下北半島の付け根にある野辺地で18世紀後半から問屋業を営み、18世紀末から和船を所有し、酒造業も開業した。幕末期は盛岡藩御国産御用所の大坂廻送御用達となり、御用金を負担して野辺地町の宿老を務めた。明治時代になると、酒造業も軌道にのり、海運業での資金蓄積が1870年代にかなり進んだ。そして1880年代に土地取得を進めた結果、野村治三郎家は青森県を代表する大地主兼資産家となり、その屋印「りゅうごいち」は野村治三郎家の代名詞となった(中西聡『海の富豪の資本主義』)。なお「りゅうご」とは鼓の形のように中がくびれた形を意味し、野村家の屋印には、そのりゅうごの下に「一」が入っていた。

野村家は、御用商人として御用品の輸送もある程度担ったが、それを北前船経営の中心に置かず、地元産の大豆・魚肥を上方へ運んで売却し、上方の木綿類を買いつけて地元へ運んで売却する買積経営を北前船経営の中心に置いた。その意味で、野村家と藩権力との距離は相対的に離れており、藩の御用がなくなった明治時代も比較的大規模に北前船経営を継続し得た。しかし幕末開港後は、横浜港

表Ⅱ-2　野村治三郎会社役員の推移

資本金の単位：万円

会社名	所在	資本金	1893年	1897年	1902年	1907年	1912年	1916年	1922年	1926年	1931年
伊東商会	青森		社長								
上北銀行	野辺地	15.0		相談役			頭取	取締役	頭取	頭取	
野村銀行	野辺地	10.0			頭取	頭取	頭取	頭取	頭取	頭取	頭取
青森県農工銀行	青森	80.0				頭取	取締役	取締役	取締役		
野辺地電気	野辺地	3.3						取締役			
七戸水電	七戸	8.0						取締役	取締役	取締役	
和田醤油	五戸								取締役		
東奥製糸	三戸									取締役	取締役

（出所）　前掲中西聡『海の富豪の資本主義』197頁の表３-18より作成。

（注）　各年１月頃のデータと考えられる。資本金は1916年初頭の払込資本金額。野村銀行は、1920年代後半に立五一銀行と改称したと考えられ、1931年の野村銀行の欄は立五一銀行として。

へ主に綿布が輸入されるとともに、それとの競争で各地の木綿産地が輸入綿糸を原料として使用するようになったため、綿製品の流通が開港場や東京・大阪の大都市を中心に再編された。木綿類が北前船の主要取扱品でなくなるなかで、野村家廻船は地元産の大豆・魚肥の畿内への売り込みに活動の中心を移した。しかし、地元の野辺地が定期汽船の航路から外れたため、問屋業を活かした汽船運賃積を利用しての集散地商人との直接取引はうまくいかなかった。最終的に地域間価格差の縮小とともに、野村家は、廻船業・問屋業から１８９０年代に撤退した。

ただし野村家は、廻船業・問屋業で得た商業的蓄積をある程度株式投資へ向けるとともに地元会社の役員となり、野辺地地域経済に大きな影響を与え続けた。すなわち、１８９８（明治31）年に設立された青森県農工銀行の取締役となり、１９００年に合資会社野村銀行を開業した。野村治三郎は、１９１０年代から地元近隣の様々な会社の役員を務めるようになり（表Ⅱ－2）、１８９１年末時点では野村家の所有株式の内訳は、日本銀行や横浜正金銀行など中央の大銀行株が多かったが、1919（大正8）年末時点では、野村銀行のほかに青森県農工銀行・野辺地電気・七戸水電・上北銀行など青森県下の銀行・会社の株式も多数所有するようになった（中西聡『資産家資本主義の生成』）。

実際、1916年初頭の青森県上北郡の銀行・会社は、上北銀行・三本木開墾・野村銀行・七戸水電・野辺地電気・十和田軌道の6社で、このうち三本木開墾と十和田軌道以外の諸会社はいずれも野村家が主要役員を務めた。ただし、野村家が経営に関与した諸会社は銀行と電力会社が中心で、野村家は株式投資と経営参加を通じて直接地元経済に関与するよりは、銀行を設立してその金融を通して間接的に地元経済に貢献する道を選択した。そのため、上北郡での会社設立数は1916年時点でも少なく、野村銀行（後に立五一銀行）が27（昭和2）年の金融恐慌で打撃を受けたことで、野村家の地元経済に与える影響力はかなり低くなった。そして1931年に立五一銀行が廃業したことで、野村家の事業展開はほぼ終了した。

3　醸造家・野坂勘左衛門家の北前船経営

野坂勘左衛門家も、前節の野村家と同郷の野辺地でかなり古い家柄であり、18世紀前半から酒造業を営むとともに遠隔地間の商売を行っており、その範囲は、盛岡藩城下から青森湊、そして日本海沿岸の酒田まで及んでいた。その後、18世紀中葉には廻船業を兼営し、自らの船で遠隔地間取引に乗り出し、盛岡藩の大坂御仕送御用達となった。そのため野坂家は多額の御用金を盛岡藩に上納したが、盛岡藩御用商人のなかでもかなり有力な地位を占め、1835（天保6）年頃の盛岡藩の分限者の見立番付で、野坂勘左衛門は勧進元世話役に挙げられた。その見立番付で野村治三郎も西関脇に挙げられたが、天保期までの野辺地では、おそらく野坂勘左衛門家が最大の分限者であった。

最幕末期の野坂家当主は、9代勘左衛門で、その息子のうち兄の富三郎が10代勘左衛門を継ぎ、弟の常吉が分家して野坂常吉家を立てて1880（明治13）年頃から醬油醸造を開始した。醬油醸造の原料となった大豆は野辺地地域の特産物で、南部大豆として遠隔地へも移出されていたが、明治時代にはその大豆を原料とする味噌醬油醸造業が野辺地町で盛んとなり、野坂家の北前船経営もそれによって大きく変化することとなった。近代初頭の1870年代の野坂家廻船は、登り荷の主な販売相手は大阪商人および大阪湾岸の貝塚港の廣海惣太郎家であり、販売商品は地元産（南部）魚肥（〆粕）と地元産大豆であった。野坂家廻船は江戸時代から、野辺地で地元産魚肥・大豆を積み込み、それを畿内へ運んで販売していたが、そうした江戸時代以来の北前船経営が1970年代までは続いていた。特に、貝塚港の荷受問屋廣海惣太郎家との継続的取引は着目すべきで、幕末期から取引が続き、野坂家は大阪湾岸での活動を行いやすくするため、1880年代後半に野坂勘左衛門家所有船の嘉宝丸の登記上の所有者に貝塚の廣海家になってもらっていた（中西聡「商業経営と不動産経営」）。

そのため、野坂家廻船と貝塚港の廣海惣太郎家との取引は1880年代も続いたが、取引商品の内容が異なり、野坂家勘定目録では、北海道産魚肥を廣海惣太郎家に荷揚げしていた。表Ⅱ-3を見ると、1880年代の野坂家廻船の嘉宝丸は、小樽や函館で味噌・醤油を販売するようになり、瀬戸内地域で塩を購入していた。廣海惣太郎家との取引を加味すると、嘉宝丸は味噌・醤油を野辺地で買い入れて、それらを函館や小樽で販売し、北海道で買い入れた魚肥を貝塚など大阪湾岸に運んで販売し、大阪で竹、日比・下津井・坂出・三田尻など瀬戸内海地域で塩などを主に買い入れて青森・野辺地に運び、塩を販売していたといえる。

このように、野坂家廻船は、近代に入り北海道開発が進み、北海道産魚肥の製造が増えるとともに、北海道産魚肥を扱うようになり、野辺地から北海道に赴く際に、地元産味噌・醤油の販売も行った。しかも醤油の原料となる塩の需要が野辺地で生まれたことから、帰り荷として、瀬戸内地域で塩を買い入れてそれを野辺地に運んで販売するという三角交易を、野坂家廻船は行うようになった（中西聡「明治期日本における流通構造の変容と海運業者」）。ここに分家常吉家の味噌醤油醸造と本家の廻船経営が接続し、地元産大豆に加えて、醤油の製造原料である塩も瀬戸内地域から調達できた。そのこともあり、他の野辺地の醸造家が味噌製造を中心としたのに比べて常吉家の醸造経営では醤油醸造の比重が高く、常吉家の所得金届によると1887年度の醤油所得が269円に対して味噌所得は22円であった。そして1888年の常吉家の醤油販売量は青森県内が約192石、県外が約224石で、同家の89年の県外醤油販売量約256石は全て北海道函館・福山港向けであった。函館を中心とする

表Ⅱ-3　1880～94年嘉宝丸仕切状

年月日	買入先	場所	商品	金額	年月日	販売先	場所	商品	金額
1880·6·30	南弥七郎	備後鞆	梅印中幅20個	80円50					
1881·2·28	太田市郎兵衛	兵庫	古酒桶	97円					
1882·3·23	太田市郎兵衛	兵庫	古桶5本	57円22	1882·7·15	福田友七	大阪	黒大豆7叺	20円78
1882·7·1	松尾弥右衛門	大阪	酒袋など	30円25	1882·9·26	田中正右衛門	函館	みそ100樽	195円
1883·3·2	村上武助	京都	木綿·羽織ほか	20円55					
1883·3·17	太田市郎兵衛	兵庫	古桶3本	39円					
1883·3·27	藤田荘吉	備前日比	塩250俵	101円25					
1883·5·19	中嶋清助	田名部	昆布500把	24円03	1883·7·13	北伊兵衛	兵庫	昆布500把	27円30
1883·7·22	藤田荘吉	備前日比	塩250俵	87円30	1883·9月	五十嵐与兵衛	野辺地	玉砂糖9丁	113円14
1883·9月	伊東善五郎	青森	みそ樽250個	39円10	1883年	新谷末吉	大湊	醤油7樽	10円50
1884·3·6	太田市郎兵衛	兵庫	古桶2本	21円					
1884·3·23	藤田荘吉	備前日比	塩250俵	83円75	1884·5·10	五十嵐与兵衛	野辺地	塩100俵	36円07
1884·7·21	藤田荘吉	備前日比	塩250俵	51円95	1884·11·11	五十嵐与兵衛	野辺地	蠟燭1箱	10円72
					1886·7·8	柴田与兵衛	江差	醤油75樽	48円75
1887·3·3	福田友七	大阪	蠟燭35個	169円					
1887·3·16	那須三次郎	備前下津井	塩250俵	74円75					
1887·7·5	竹田勘兵衛	大阪	玉砂糖10挺	62円17	1887·9月	伊東善五郎	青森	玉砂糖9挺	68円73
1887·7·23	那須三次郎	備前下津井	塩250俵	56円25	1887·9月	伊東善五郎	青森	塩250俵	77円10
1888·3·16	藤田荘吉	備前日比	塩250俵	55円20	1888·7·20	大家三郎	大阪	昆布744把	15円94
1888·7·26	藤田荘吉	備前日比	塩250俵	47円70	1888·10·6	湊平次郎	函館	柏木皮1,200把	27円36
					1888·10·7	石澤孫十郎	函館	醤油120樽	70円18
					1888·10·7	荒川忠蔵	函館	醤油35樽	91円90
1889·2·26	山本利七	備後尾道	新畳50丁	20円14	1889·7·17	香井仁三郎		醤油·みそ11樽	10円34
1889·3·5	江野弥三兵衛	大阪	輪竹145本	42円25					
1889·3·21	須崎和太治	讃岐坂出	塩250俵	55円20					
1890·3·1	江野弥三兵衛	大阪	輪竹116本	26円71	1890·5·13	五十嵐与兵衛	野辺地	畳50丁	29円25
1890·3·25	須崎和太治	讃岐坂出	塩250俵	127円75	1890·7·14	藤野弥三兵衛	小樽	みそ300樽	565円08
					1890·7·18	藤野弥三兵衛	小樽	醤油114樽	54円72
					1890·7·19	廣沢久治郎	小樽	醤油254樽	265円92
1891·2·25	江野弥三兵衛	大阪	輪竹180本	27円71					
1891·3·23	中西辰五郎	備前下津井	塩250俵	107円50					
1891·7·17	製塩販売所	周防三田尻	塩250俵	84円42					
1891·8·11	岩崎岩次郎	青森	糀米10俵	23円38					
1892·2·21	江野市兵衛	大阪	輪竹102本	28円75					
1892·3·4	須崎和太治	讃岐坂出	塩250俵	92円75					
1892·7·14	江野市兵衛	大阪	輪竹170本	22円05					
1892·8·5	西浜塩田会社	周防西浜	塩250俵	81円25					
1893·3·8	江野市兵衛	大阪	輪竹295本	75円40					
1893·5·12	野坂常吉	野辺地	みそ150樽	300円	1893·8月	田中	小樽	みそ150樽	227円74
1894·4·21	江野市兵衛	大阪	輪竹25丸	38円30					

（出所）　中西聡「明治期日本における流通構造の変容と海運業者」（『企業家研究』第18号、2021年）49頁の表4より作成。

（注）　嘉宝丸の仕切状で野坂常吉家に残されたもののうち1880～94年のなかで買入金額が20円以上もしくは販売金額が10円以上の取引を示した。そのため嘉宝丸の取引の全体像を示すものではない。「買仕切」「売仕切」を交わした相手を買入先・販売先と見なして示した。金額の円の右側は銭で銭未満を切り捨て。

北海道南部では、1870年代後半から魚肥生産の拡大と人口増加が進み、それによる味噌・醤油需要の拡大に対応して、野辺地地域では80年代に北海道向けの味噌・醤油生産が急増した。そして野辺地の廻船業者の北海道進出と野辺地産味噌・醤油の北海道販売が組み合わさって、野辺地と北海道のつながりが急速に深まった。その意味で、野坂家は地域経済を活性化させる役割を果たした。

4 庄内大地主・秋野家の北前船経営

山形県加茂湊の秋野茂右衛門家（1900（明治33）年時点は直吉家）は、17世紀末から鶴岡藩の湊町加茂の問屋として活躍し、19世紀中葉には3〜4隻の和船を所有した。同家廻船は、北海道と瀬戸内・畿内を結び、北海道産魚肥や地元庄内産米を瀬戸内・畿内に運んで販売し、瀬戸内からは主に塩を運んで販売した。秋野家も野村家と同様に土地取得を進めたが、その時期は野村家よりかなり早く、19世紀中葉にはかなり有力な大地主となっていた。江戸時代後期から明治時代の庄内地方では、本間家が1500町歩以上の耕地を所有する巨大地主となったが、秋野家も約370町歩の耕地を所有するに至り、本間家に続く巨大地主となった（阿部英樹『近世庄内地主の生成』）。

その本間家が藩権力と結んで組織的・独占的に土地集積を行ったのに対し、秋野家は譲渡地の詳細な吟味を通じて土地経営に有利な場所を選択的に取得していったといわれる。一方加茂湊では、秋野家は「金銀引替方」として特権を得る代わりに多額の御用金を負担した。ただし、本間家に比べれば御用金額はかなり少なく、野村家と同様に秋野家も藩権力との距離は相対的に離れており、そのことが藩の御用がなくなった明治時代に秋野家が廻船経営を継続し得た要因であったと考えられる。

ただし、明治時代前期の秋野家の廻船経営は江戸時代後期に比べて規模はかなり小さくなったと思われ、1880年代中葉には海運経営から撤退したと考えられる。明治時代の地域経済との関連では、1880年に秋野家を主な出資者として貸金会社広益社が設立されたが、90年頃から滞貸が増大して経営難に陥り、97年頃に解散された。その後1898年に鶴岡銀行が設立され、秋野直吉がその取締役となったが、1900年に退任し、それ以外の会社の経営にはほとんど関与しなかった。秋野家は20世紀に入っても土地経営が収益基盤の中心で、1924（大正13）年時点の同家所得内訳で、所得合計約11万円のうち、配当所得は約1万円、田畑所得は約10万円であった。

5　東北地域経済と北前船主

野村家・野坂家・秋野家の事例より、東北地域の経済と北前船主の関係を考察したい。北前船主の主要な輩出地であった石川県南部の北前船主が、北海道産物を専ら扱い、出身地元産物にそれほど関心を示さなかったのに対し、野村家と野坂家は地元産の大豆と魚肥、秋野家は地元産米と、それぞれ出身地元産物を主に扱っていた。その意味で、東北地域の北前船主は地域経済と密接につながっていたと考えられる。特に、野村家は上方の木綿類を買いつけて地元で販売することにもかなり力を入れ、幕末期の北東北地域に木綿類が普及することに貢献した。しかし、幕末開港後に木綿類の流通が開港場や東京・大阪などの大都市を中心に再編されるようになると、野村家廻船の重要な経営基盤が失われ、1890年代には北海道産物へ活路を見出したが、十分な利益を上げることはできずに北前船経営から撤退した。そして野坂家は地元産の大豆を活かすべく、近代初頭に分家に大豆を原料とする味噌醤油醸造業を行わせ、野坂本家廻船が味噌醤油の北海道市場への輸送・販売を担った。こうして野坂家は、その後野辺地が味噌醤油醸造産地として展開していくことに貢献した。

いずれの家も地元経済と密接につながって大きな商業的蓄積を上げたが、商業的蓄積の投下先は、主に土地取得であった。それゆえそれぞれ近代期には青森県・山形県の有力地主となったが、彼らのような有力地方資産家の商業的蓄積が1880年代後半~90年代の「企業勃興」期にあまり会社設立に向かわなかったことが、東北地方での会社設立の低迷につながったように思われる。

むろん、当時の東北地方の農村工業の進展度合いからみて工業製品の需要は少なかったと思われ、彼らがリスクの大きな製造業会社の設立に向かわなかったことは家の経営戦略として当然と考えられるが、地主経営を一歩進めて商業的農業を発展させる方向へ展開できれば、東北地域の経済も別の展開があったように思われる。野村家が1890年代に大規模な養蚕業の奨励活動を行ったものの、それが定着せずに、野辺地町で十分に養蚕業・製糸業が発展しなかったことが惜しまれる。

第2章　越後・佐渡の北前船主

1　新潟県域の産業化

近代の新潟県は、多数の大地主を輩出したが、日本海に面しており、富山県・石川県・福井県ほどではないものの、ある程度北前船主も輩出した。表Ⅱ-4を見よう。19世紀において帆船を4隻以上所有したと推定される船主は、新潟県域で少なくとも13家存在したが、それらは糸魚川から直江津に至る新潟県域南部の頸城地方と、新潟港に集中していた。

頸城地方の北前船主は、19世紀の前半から遠隔地間交易に乗り出し、明治時代前期に海運業から撤退したが、出身地元の会社設立にはほとんど

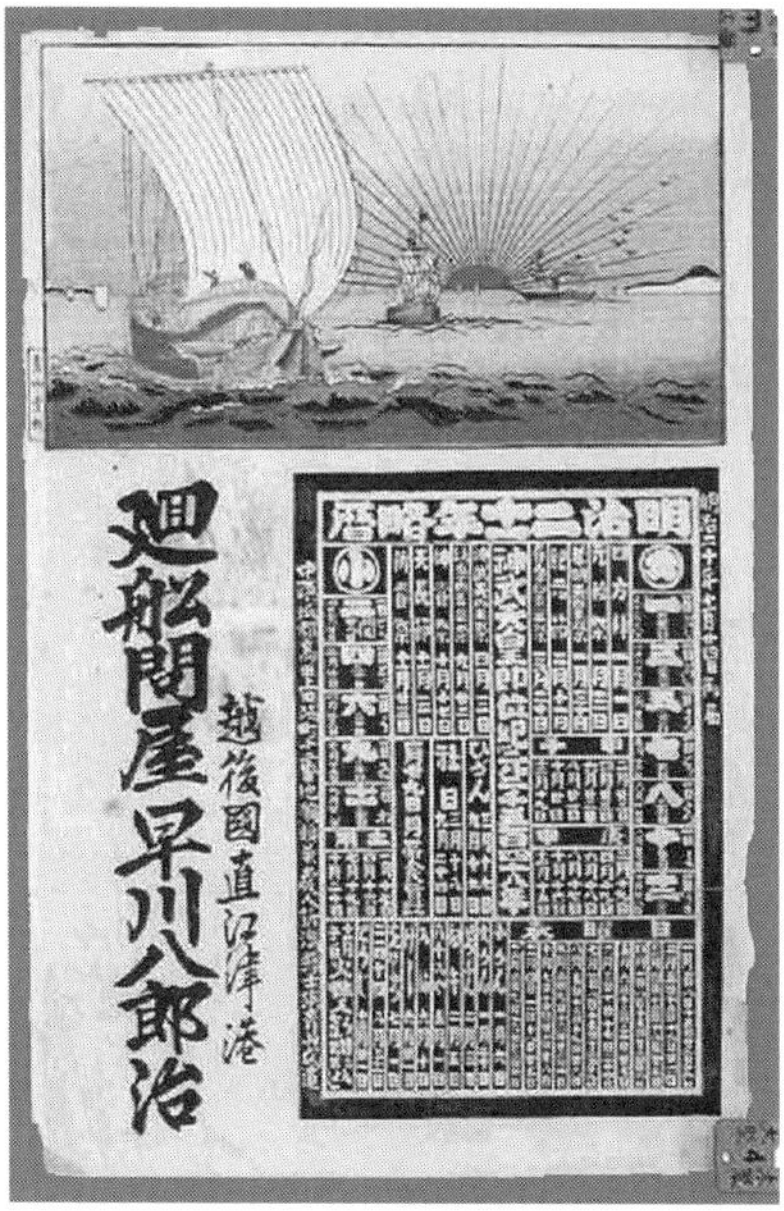

新潟県直江津港廻船問屋の引札

（神戸大学海事博物館所蔵）

表Ⅱ-4　新潟県域の主要北前船主

所有船数の単位：隻、所得額・所有地価の単位：円

船主	出身	海運経営時期	所有船数	1888年頃		主要会社役員（19世紀末～20世紀初頭）
				所得額	所有地価	
猪又家	糸魚川	1820年代～1840年代	4			
井上半十郎	梶屋敷	19世紀初頭～1880年代後半	4	1,151	9,400	積善銀行（専）
伊藤助右衛門	鬼舞	18世紀後半～1904年頃	9	6,333	10,400	
福山長作	直江津	1820年代～1880年前後	4			
木南源十郎	直江津	1840年代～1880年代	6			
小川藤吉	直江津	1880年代前半～19世紀末	4	495	(4,277)	
牧口荘三郎	荒浜	1840年代～1890年代前半	4	11,261	28,100	柏崎銀行（頭）、日本石油（取）、直江津商会（取）
石崎徳右衛門	新潟	1830年前後～1860年代	6			
新潟屋卯兵衛	新潟	1840年代～1850年代	4			
斎藤喜十郎	新潟	1860年代～1880年代	4	9,594	80,000	新潟商業銀行（専）、越佐汽船（社）、北越鉄道（取）
片桐寅吉	新潟	19世紀末～20世紀初頭	6		(765)	
田代三吉	新潟	19世紀末～20世紀初頭	5	320	(824)	新潟木材石材（取）、宝井石油（取）、越佐汽船（監）
長谷部家	早川	1820年代～1850年代	5			

（出所）　柚木学編『諸国御客船帳』（上・下）、清文堂出版、1977年、柚木学編『近代海運史料』清文堂出版、1992年、「諸国御客帳」（住田正一編『海事史料叢書』第４巻、1929年）、前掲中西聡『海の富豪の資本主義』、渋谷隆一編『都道府県別資産家地主総覧』新潟編１・２、日本図書センター、1997年、由井常彦・浅野俊光編『日本全国諸会社役員録』第１～８巻、柏書房、1988年より作成。

（注）　新潟県域を出身として帆船を４隻以上所有したと推定される船主を挙げた。海運経営時期・所有船数は、出所資料より判断した推定。1888年頃の所得地価欄の括弧内は1898年頃の数値。主要会社役員欄の（専）は専務取締役、（頭）は頭取、（取）は取締役、（社）は社長、（監）は監査役。

ど関与せず、土地経営などを通して地域経済と関わった。一方、新潟港の北前船主は、主に幕末期の１８６０年代以降に遠隔地間交易に進出し、新潟市域の会社設立に積極的に関与して、新潟市域の産業化に貢献した。

このように新潟県域の産業化に対照的な対応をした二つの地域の北前船主の経営を比較することで、北前船と新潟県地域経済との関係を検討する。その場合、頸城地方の北前船主として、新潟県域で最大規模の帆船所有者となった鬼舞の伊藤助右衛門家を取り上げ、新潟港の北前船主として、新潟県域

の北前船主としては最大の地主となり、新潟市域の主要会社へ積極的に関与した斎藤喜十郎家を取り上げる。また、佐渡も日本海航路の中継地として江戸時代から海運が盛んであったため、佐渡の北前船主についても触れる。

2　小樽に店を開いた伊藤助右衛門家

江戸時代後期の鬼舞は高田藩領に属し、山が海に迫った地域で越後国のなかでは平野に乏しかった。しかし、近隣に高田藩の外湊であった今町（近代期は直江津）があり、漁業や廻船業は18世紀から盛んであった。伊藤助右衛門家は鬼舞の廻船業者のなかでも早くから遠隔地間交易に進出し、19世紀初頭にすでに瀬戸内で交易していた。

伊藤家の所有船数は、19世紀前半に増大し、1852（嘉永5）年に9隻を数えた。幕末期に一時的に所有船数が減少したが、近代初頭に再び所有船数を増やし、1870年代後半から90（明治23）年まで8～9隻を所有し続けた。北前船経営は、船主が積荷の売買も行う買積形態が中心で、利益は大きいものの海難や商取引に伴うリスクも大きく、長期間にわたり多数の帆船を所有し続ける船主は少なく、伊藤家はかなり有力な北前船主であった（中西聡『海の富豪の資本主義』）。

江戸時代後期の伊藤家廻船の活動の特徴は、北海道産物をあまり扱わずに、米穀・綿・砂糖・塩などを主に扱ったことであった。そのうち、米穀は地元越後産の米が中心で、19世紀初頭は、高田藩領で売却された年貢米を主に扱ったが、19世紀中葉になると、農民が販売した商品米を新潟で買い入れて兵庫などで販売するようになった。兵庫からの帰りは、綿・砂糖・塩などを畿内・瀬戸内で買い入れて、大部分を新潟・今町（直江津）まで運んで販売した。最幕末期になっても、伊藤家廻船の取扱品として北海道産物はあまりみられず、最幕末期は北海道産物のみでなく他の諸産物の地域間価格差も拡大していたため、伊藤家廻船は塩・米・蠟・砂糖などでかなりの粗利益を上げていた。

1868年の明治維新後に北海道では、開拓使が設置されて江戸時代は一部の特権商人に独占されていた北海道奥地（蝦夷地）での交易権と漁業権が開放され、多数の漁民の蝦夷地への定住が進み、北海道産魚肥生産は急速に拡大した。そのため多くの北前船主は北海道へ赴き北海道産魚肥を扱ったが、伊藤家廻船は、維新期も米・綿・砂糖などでかなり大きな粗利益を上げていた。地元直江津や新潟の後背地では北海道産魚肥があまり使用されなかったこともあり、1870年代の伊藤家廻船は、基本的に新潟県域と瀬戸内・畿内を結ぶ交易を行った。そしてその取扱商品の中心は、越後産の米穀と瀬戸内産の塩・砂糖であった。

ところが、1880年代になると外国からの輸入砂糖の影響で、瀬戸内産砂糖の販売価格が下落して砂糖取引で伊藤家廻船が利益を得るのは困難になり、その一方、北海道開拓が進展するとともに北海道での米穀需要が増大したため、伊藤家廻船が本格的に北海道交易に進出した。表Ⅱ-5を見よう。1890年の伊藤家廻船6隻の航路が判明するが、すべての廻船が北海道交易を行っていた。ただし、

表Ⅱ－5　1890年伊藤家廻船の航路

船名	主要航路
1号伊勢丸	七尾→新潟→[小樽]→新潟→[小樽]→貝塚→兵庫→大阪
2号伊勢丸	新潟→[寿都]→[小樽]→新潟→[小樽]→下関→[小樽]→新潟→[小樽]→[函館]→貝塚
伊久丸	新潟→[小樽]→新潟→[小樽]→尾道→貝塚→大阪→下関→多度津→尾道→多度津→貝塚
伊吉丸	大阪→堺→大阪→多度津→尾道→下関→鬼舞→直江津→新潟→[函館]→樺太→兵庫→大阪→多度津
伊正丸	新潟→[江差]→本荘→[江差]→直江津→[江差]→直江津→[江差]→直江津→[函館]→新潟
伊福丸	新潟→[増毛]→新潟→[増毛]→新潟→直江津→[増毛]→新潟→[小樽]→[増毛]→直江津→新潟

（出所）　中西聡「19世紀における日本海海運の発達と越後出身船持商人の経営（上）」（『経済科学（名古屋大学）』第55巻第２号、2007年）の表11より作成。
（注）　１号伊勢丸・２号伊勢丸は西洋型帆船でそれ以外の船は日本型帆船。[　] 内は北海道の地名。商取引の日付より判断した推定航路を示した。

船ごとにある程度役割分担をしたと考えられ、一号伊勢丸・二号伊勢丸・伊久丸のように相対的に大型と思われる船が新潟↓小樽の米の売買と、小樽↓瀬戸内・畿内の魚肥の売買を専門的に行い、伊正丸・伊福丸のように相対的に中型の船で新潟県と北海道各地との往復をこまめに何度も行い、伊吉丸は多様な商品を扱うと同時に、北海道から日本海経由で下関を経由して畿内に至る西廻り航路を1年間に1往復した。この伊吉丸のようなコースが北前船の代表的なコースといわれてきたが、伊藤家廻船は北海道へ本格的に進出した後も、そのコースをとる船は少なく、多くは新潟県と北海道との間を複数回往復した。１８９０年当時は、新潟県─北海道間の米売買と北海道─瀬戸内・畿内間の魚肥売買が伊藤家廻船の利益源泉であり、相対的に大型の船でその売買を担当する一方で、相対的に中型の船で新潟県域の産物の販売と新潟県域の需要に対応するような活動を行っており、ある程度地元新潟県域の市場動向に対応した活動を伊藤家は行った。

しかし、１８９０年代に入ると、汽船網・電信網の整備に伴い、北海道産魚肥の地域間価格差はさらに縮小し、北海道産魚肥の買積経営でも安定した利益が見込めなくなった。それに対し伊藤家は、１８９３年に小樽に本店を設けて、汽船運賃積を利用して小樽店が直接本州の米穀・肥料商と取引する経営に転換した。実際、伊藤家は１８９０年代後半に汽船を所有するとともに日本型帆船をすべて相対的に大型の西洋型帆船に転換させて運賃積経営に備えた。また、新潟にも出張店を設けて、新潟県産米を大量に小樽本店に運んでおり、小樽に精米所を設けるなど、北海道産物のみでなく、新潟県産米取引にも力を入れ続けた。

ただし、小樽では有力米穀商が精米所を乱立しており、伊藤家の精米事業は赤字であった。そのこともあり最終的に伊藤家は１９０４年頃に小樽本店を閉鎖して海運業からも撤退し、それ以降は幕末期から取得を進めた耕地をもとに、地元鬼舞での地主経営に専念した。

３　新潟財界の大立者・斎藤喜十郎家

斎藤家は、幕末期に成長した新潟港の新興廻船問屋で、近代初頭の制度転換のなかで江戸時代以来の有力問屋が衰退したのに代わって、北前船経営で資産を蓄積した。斎藤家が北前船経営を本格化したのは１８７０年代と考えられ、70年代前半は地元新潟県産米を瀬戸内・畿内方面へ販売していたが、70年代後半に北海道へ進出した。

斎藤家は、所有船の北海道進出とともに急速に資産を拡大させ、その資産で大規模に土地を取得し、所有地価は１８８５（明治18）年時点の約３万円から92年時点の約12万円に増大した。また斎藤家は、

表Ⅱ-6　斎藤家家族会社役員の推移

資本金の単位：万円

会社名	資本金	1897年	1902年	1907年	1912年	1917年	1922年	1926年	1931年
新潟貯蓄銀行	10.0	専務	取締役	取締役	取締役	取締役	取締役	取締役	取締役
越佐汽船	20.0	社長	社長	社長	取締役	取締役		新潟信託	取締役
新潟硫酸	27.5	取締役	取締役	取締役	取締役	取締役	取締役	社長	社長
北越鉄道		取締役	新潟艀船(11.0)		取締役		イタリア軒	取締役	取締役
新潟商業銀行	12.5		専務	専務	専務	専務	頭取	頭取	頭取
新潟曳船			取締役		新潟醋酸	取締役			
海外貿易				取締役		新潟汽船	取締役	取締役	社長
斎藤合資	10.0				社員	社員	斎藤	取締役	
新潟興業貯蓄銀行							取締役	専務	専務

（出所）　前掲中西聡『海の富豪の資本主義』233頁の表４-16より作成。

（注）　会社の所在はすべて新潟。斎藤家家族の誰かが取締役以上の役員になった場合を示した。新潟商業銀行は1918年より新潟銀行。資本金は1912年初頭の払込資本金額で、新潟艀船の後の括弧内は1912年初頭の払込資本金額。会社名の（株式）会社は省略。

１８８５年に佐渡の資産家と越佐汽船会社を設立し、その頃に北前船経営から汽船経営に転換したと考えられ、越佐汽船会社は新潟―佐渡航路から新潟―酒田・北海道航路へ進出し、汽船９隻を所有して１９１０年前後にシベリア航路へも進出した（『新潟市史』通史編３近代（上））。

その後斎藤家は、新潟の会社設立とその経営に積極的に関与した。表Ⅱ-６を見よう。新潟では近代初頭に第四国立銀行が設立されたが、その後日清戦後の好況期に多くの銀行が設立された。１８９５年に新潟市内の実業家団体が母体となって新潟貯蓄銀行が設立されると斎藤家当主はその専務取締役となり、また大地主主導の経営であった新潟銀行（第四国立銀行が96年に改称）の営業方針に不満を持つ新潟商人らが97年に設立した新潟商業銀行でも専務取締役となった。新潟商業銀行は、新潟銀行が１９１７（大正６）年に再び第四銀行と改称した後の18年に新潟銀行と改称したが、設立時から30年代まで斎藤家当主が専務取締役・頭取を務め続けた。

銀行以外の工業諸会社に関しても、近代の新潟県最大の鉱工業であった石油業に関連して硫酸の需要が増大したため、1896年に硫酸を製造する新潟硫酸会社が設立されたが、それに斎藤家が積極的に関与して取締役となった。新潟硫酸は、硫酸を原料とした化学肥料製造へと進出し、順調に発展して1920年代後半からは斎藤家当主が社長となった。

こうして斎藤家は、越佐汽船・新潟商業銀行・新潟硫酸を中心として新潟財界の大立者となり、農村部の大地主と伍して新潟県の会社設立に重要な役割を果たした。斎藤家は商業的蓄積を土地に投資するとともに、積極的に有価証券投資も行い、自ら会社役員を務めた会社の株式を集中的に所有した。新潟県の明治時代中期の会社設立は、大地主資本による銀行と農村部の石油会社に代表されるが、斎藤家は新潟にこだわり、役員を務めた会社はすべて新潟の会社であった。その結果、1912年初頭に新潟市に存在した払込資本金額10万円以上の15社のうち、斎藤家は8社の役員を務めた。

4　佐渡と日本海海運

徳川幕府は佐渡島を直轄して金銀山を開発し、例えば相川金銀山の銀は、佐渡小木から対岸の越後国出雲崎へ運ばれて、そこから江戸へ陸上輸送された。それゆえ河村瑞賢が西廻り航路を整備した際に、佐渡小木湊が寄港地に指定され、その後佐渡島は、日本海海運の中継地として、海運が発達した。

表Ⅱ-7　浜田屋大徳丸運航状況

年	航路(寄港地)	取扱品	売買粗利益	純利益
1804	越後寺泊→兵庫→出雲安来→佐渡赤泊→羽後塩越→[江差]→兵庫→大坂→新潟	越後・羽後米、三田尻塩 出雲鉄、大豆、胴鯡 天王寺綿	金95両1歩 銀14匁2分	金24両2朱
1805	新潟→兵庫→酒田→下関→新潟→[江差]→兵庫→佐渡	越後・佐渡米、三田尻・竹原塩 胴鯡、讃岐・備中綿 大豆・小豆、干いか	金143両3歩 銭1貫105文	金30両2歩 銭591文
1806	越後寺泊→兵庫→出雲安来→酒田→兵庫→酒田→兵庫→周防古浜→讃岐多度津→出雲宇竜→越後出雲崎	越後・庄内米、塩、出雲鉄 讃岐綿、大豆	金189両1歩 銭2貫280文	金100両3歩 銭1貫34文
1807	越後出雲崎→尾道→出雲安来→酒田→兵庫→新潟→摂津堺→出雲境→佐渡	越後・米沢米、三田尻塩 出雲鉄、米子綿	金156両2歩 銭219文	金70両3歩 銭1貫668文
1808	佐渡→兵庫→周防小松→出雲安来→酒田→兵庫→酒田→佐渡→兵庫→讃岐丸亀→出雲境→佐渡→越後寺泊	庄内・米沢米、三田尻塩 出雲鉄、米子・備中綿 佐渡干鰯、干いか	金150両 銭1貫373文	金63両2歩 銭852文

(出所)　前掲中西聡『近世・近代日本の市場構造』101頁の第3-7表より作成。
(注)　大徳丸は361石積。[　]内は北海道の地名。純利益は売買粗利益より諸払差引をした後の利益。

そして佐渡小木湊は船箪笥の主要産地ともなった（小泉和子『船箪笥の研究』）。また佐渡島には、小規模ではあったものの多くの北前船主が登場し、明治時代には対岸の新潟との結びつきを深め、前述の斎藤家が佐渡の資産家とともに１８８５（明治18）年に越佐汽船会社を設立して以降は、佐渡と新潟県域の本州側に定期汽船航路が開かれた。

その佐渡島の北前船の活動を佐渡国沢根の浜田屋の事例で見てみよう。浜田屋は、もともと沢根で商業を営んでいたが、18世紀初頭から本格的に廻船業に進出し、18世紀後半には３００～５００石積船を１～２隻所有した（佐藤利夫編『海陸道順達日記』）。１７９２（寛政４）年に浜田屋本家から分家した治右衛門家は、1804（文化元）年に375石積の船を購入して大徳丸とした。表Ⅱ-7でその浜田屋大徳丸の1804～08年の運航状況をまとめた。佐渡・越後を拠点として北海道から大坂まで幅広く活動したが、その航路は毎年変動しており、年により寄港地が異なり、取扱品目も多様であった。航海ごとの売買利益では、30両以上の利益を上げたのはすべて江差・酒田・越後・佐渡方面から瀬戸内・兵庫への登り航海で、米と胴鰊《どうにしん》が中心であった。

19世紀初頭の段階では、羽前・越後と瀬戸内・畿内の価格差が大きく、北前船は必ずしも北海道まで下らなくても大きな利益を上げることができた。それゆえ越後の伊藤家と同様に、佐渡の浜田屋も米の取引に大きな比重を置いた。この頃の浜田屋は、本家が2隻、分家が1隻の合計3隻の船を所有し、能登国福浦の客船帳でも1859（安政6）年に浜田屋本家の船が2隻、分家の船が1隻の入津記録があった。浜田屋は江戸時代後期に3隻の船で北前船経営を継続したと考えられる。

5　新潟県域の北前船主

伊藤家と斎藤家の経営展開を組み合わせて、新潟県域の北前船主の経営の特徴をまとめたい。伊藤家の廻船経営の特徴は、一貫して新潟県域産米取引に力点を置き続けた点にあり、北海道産魚肥市場よりもむしろ国内米穀市場の拡大に寄与したと考えられる。そして江戸時代後期の畿内の飯米需要や明治時代の北海道の飯米需要に対応した伊藤家のような北前船主の活動が、19世紀日本における特産物生産の拡大を下支えする重要な役割を果たした。

斎藤家廻船にも、越後国産米を主に扱った点と、北海道への進出が遅れた点で伊藤家廻船と共通性は見られるが、斎藤家は伊藤家よりも早くに北前船経営に見切りをつけ、汽船経営に転換して新潟―北海道間の運賃積輸送を担った。新潟―北海道間の海運業に関しては、それを家の営業として行った伊藤家と会社形態を採用した斎藤家では、より斎藤家の方が地域経済に強い影響を与え、新潟県域の会社設立への両家の関与に大きな差が生じた。その背景には、鬼舞の所在した西頸城郡と新潟市の立地条件の違いがあり、江戸時代以来の越後国の主要湊であった新潟に対して、西頸城郡は平野が少ないため産業立地として不利であった。そのため、明治時代に設立された西頸城郡の諸会社は、大部分が零細規模の金融会社であり、製造会社はほとんど設立されなかった。

もっとも新潟県域で「企業勃興」現象が生じた1890年代に伊藤家は、小樽本店の設置・汽船取得・精米所設置など自らの海運経営の転換に多額の出費をしており、地元企業への出資をしたくとも、それに向ける資金的余裕はなかったと思われる。伊藤家に限らず、西頸城郡の北前船主は、出身地元の会社の経営にはほとんど関与せず、ある程度の土地を所有して農業面で地域経済と関わった。こうした北前船主の経営展開が、全体として新潟県の工業化の偏在に少なからず影響を与えたといえよう。

第3章　越中の北前船主

1　綿を運んだ越中廻船

江戸時代の越中国（現富山県）は、東部の新川地方で木綿生産が発達し、そこへの原料綿の供給を越中廻船が担っていた。その代表例が、越中国放生津の綿屋（宮林）彦九郎家と越中国東岩瀬の道正屋（馬場）久兵衛家であった。両家の廻船ともに、年貢米の大坂への御用輸送も担っており、その下り荷として大坂や堺の綿を越中国に運んだ。表Ⅱ-8を見よう。綿屋廻船の1850（嘉永3）年前後の動きを見ると、日本海側から大坂への年貢米輸送と、大坂・堺での綿の買い付け、それを越中国伏木に運んでの販売を行っていた。1850年前後の金沢藩では綿屋彦九郎は最有力の船主で、和船を7〜9隻所有しており、北陸地方と畿内を結んでいた。ところが、近代に入ると、藩御用輸送はなくなり、新たな活動場所を北海道に求め、北海道産魚肥を扱うようになった。1877（明治10）年の宮林家廻船の福寿丸は酒田で買い付けた米を北海道へ運んで販売し、北海道で魚肥を買い付けて、それを大阪へ運んで販売した。同年の宮林家廻船歓喜丸は地元で買い入れた加賀米を兵庫へ運んで販売したが、それと合わせて北海道産魚肥を瀬戸内地域へ運んで販売していた。

表Ⅱ-8　幕末・維新期宮林家廻船商取引の動向

年月日	買入先	居所	金額	内容	月日	販売先	居所	金額	内容
①1848～51年の事例									
1848.8.4	酒屋長八	酒田	500両	蔵米1,365俵					
1848.8.15	藤屋伝兵衛	酒田	800両	御米2,198俵					
(1849).4.5-6	藤屋伝兵衛	酒田	49両3分	蔵米120俵	(1849).3.28	北国屋与左衛門	赤間関	20両1分2朱	綿1本
					(1849).3.28	長田屋嘉助	赤間関	20両1分2朱	綿1本
(1850).1.28	具足屋伝七	堺	1貫137匁	綿3本					
(1850).2.13	木屋市郎兵衛	大坂	3貫397匁	綿9本					
(1851).1.22	紺屋与三兵衛	放生津	15両	綿1本	(1851).3.5	太田屋宗吉	伏木		綿6本
1851.2.8	高岡屋弥左衛門		28両1分	綿5箇	(1851).4.16	太田屋宗吉	伏木		
(1851).2.12	木屋市郎兵衛	大坂	1貫440匁	綿3本	(1851).9.18	北国屋与左衛門	赤間関	16両1分	綿1本
(1851).10.7	木屋市郎兵衛	大坂	15両1分1朱	綿3本	(1851).12.5	太田屋宗吉	伏木		綿1本
(1851).12.7	忠岡屋清兵衛	堺	1貫10匁	綿3本	(1851).12月	市場屋善左衛門			綿
(1851).12.14	布屋三郎兵衛		1貫10匁	綿3本					
(1851).12月	木屋市郎兵衛	大坂	1貫10匁	綿3本					
②1877年の福寿丸の事例									
					5.8	新屋吉左衛門	広島県御手洗	2,458円	加賀米1,120俵
5.8	新屋吉左衛門	広島県御手洗	101円	塩500俵	5.29	石塚六三郎	新潟県今町	132円	塩500俵
6.14	藤屋伝兵衛	山形県酒田	536円	米300俵	7.28	丸山林治	北海道美国	607円	庄内米300俵
7.28	丸山林治	北海道美国	169円	胴鰊1,605束	9.29	藤屋長左衛門	兵庫県室津	294円	胴鰊1,605束
7.28	丸山林治	北海道美国	904円	鯡粕451本	10月	木屋市郎兵衛	大阪	820円	鯡粕227本
					10月	木屋市郎兵衛	大阪	303円	数の子79本
					11.2	北風荘右衛門	兵庫	673円	鯡粕200本
					11.2	北風荘右衛門	兵庫	189円	数の子50本
③1877年の観喜丸の事例									
					6.1	北風荘右衛門	兵庫	625円	加賀米300俵
					6.3	北風荘右衛門	兵庫	2,244円	加賀米1,100俵
					6月	冨村三郎吉	大阪府堺	481円	米400俵
8.14	大宗屋彦三	北海道小樽	2,035円	鯡粕1,017本	11.14	米屋七右衛門	香川県多度津	350円	鯡粕91本
8月	大宗屋彦三	北海道小樽	54円	胴鰊520束	11.24	松浦仲蔵	兵庫県高砂	2,272円	鯡粕546本

(出所)　前掲中西聡『海の富豪の資本主義』311頁の表6−2および313頁の表6−3より作成。
(注)　仕切書のうち残されていたものを示したので、取引の全体像を示すわけではない。年の括弧内は推定。「買仕切」「売仕切」を交わした相手を買入先・販売先と見なして示した。1877年11月2日の北風荘右衛門への販売は、観喜丸の可能性もある。居所欄は、大阪・兵庫以外は現道府県名を補った。金額は手数料を差し引きした後の最終的な仕切金額。1877年は円未満を四捨五入。

道正屋馬場家も、江戸時代から近代初頭までは綿取引を行っていたが、1880年代には本格的に北海道交易へ進出した。表Ⅱ-9を見よう。石見国浜田湊の廻船問屋が作成した「客船帳」に記載された道正屋久兵衛家の廻船を見ると、1830年代~50年代は越中国を出発地として、登り航路の途中で浜田湊に入津したのがほとんどで、積荷も塩や綿であった。1880年代に入ると、北海道を出発地として浜田港に入港した事例(松前登)が多く見られ、馬

表Ⅱ-9　道正屋馬場家廻船の動向

①浜田湊入津						②出雲崎湊入津			
年月日	船名	備考	年月日	船名	備考	年月日	船名	規模	積荷
1832. 3. 7	福寿丸	越中登	1874. 5. 4	恵久丸	越中登	1859. 4. 18	永久丸		生蠟
1839. 9. 1	富寿丸	下り	1874. 6. 26	恵久丸	登り	1864. 9. 23	長久丸		大浜塩1, 600俵
1842. 4. 7	福寿丸	越中登	1875. 3. 30	栄福丸	下り	1866. 3. 13	宝久丸	24反帆	冬買積入
1843. 6. 14	福宝丸	岩瀬登	1875. 5. 9	悠久丸	下り	1868. 4. 20	通久丸	24反帆	
1847. 3. 11	福宝丸	越中登	1875. 5. 13	定吉丸	越中登	1868. 9. 19	長久丸	26反帆	富浜(塩)1, 300俵、玉砂糖100丁、綿70本
1851. 3. 12	長久丸	越中登	1875. 6. 8	通久丸	登り	1870. 4. 5	長久丸	22反帆	空船
1857. 5. 21	栄福丸	下り	1875. 9. 10	恒久丸	松前登	1870. 8. 26		25反帆	塩1, 200俵、綿800本、玉砂糖15丁、生蠟4叺
1858. 6. 28	歓久丸	越中登	1877. 8. 12	長久丸	登り	1870. 9. 12	長久丸	22反帆	三田尻塩1, 700俵、綿25本
1859. 3. 28	永久丸	越中登	1877. 8. 19	大平丸	登り	1871. 7. 13	栄福丸	22反帆	塩2, 000俵、蜜10丁、鰹節2樽、半紙10
1860. 3. 16	安全丸	下り	1877. 8. 29	悠久丸	下り	1872. 2. 1	長久丸	22反帆	大浜(塩)700俵、玉砂糖110丁、生蠟15叺
1861. 1. 28	恵久丸	下り	1878. 5. 3	神通丸	登り	1872. 4. 29	悠久丸	25反帆	富浜(塩)1, 000俵、綿80本
1862. 9. 15	久成丸	下り	1878. 5. 3	栄福丸	登り	1872. 6. 3	通久丸	24反帆	三原塩2, 100俵
1865. 4. 9	久成丸	登り	1878. 8. 29	栄福丸	登り	1873. 5. 14	恵久丸	20反帆	中浜(塩)1, 000俵、白砂糖5丁、七嶋30束
1866. 4. 19	通久丸	下り	1880. 9. 19	久照丸	登り	1873. 7. 2	栄福丸	22反帆	塩400俵
1869. 3. 29	久成丸	登り	1882. 9. 6	今長久丸	松前登	1873. 8. 24	久成丸	24反帆	大浜(塩)1, 200俵、綿300本、生蠟10叺
1869. 8. 22	通久丸	登り	1882. 9. 14	久照丸	松前登	1876. 3. 18	神通丸	19反帆	三田尻・大浜(塩)1, 600俵、綿15本、玉砂糖15丁
1873. 6. 30	悠久丸	下り	1882. 9. 30	長吉丸	松前登	1876. 11. 16	神通丸	18反帆	吉和塩1, 400俵、繰綿50本、白砂糖９丁
1873. 9. 9	長吉丸	松前登	1890. 7. 6	長吉丸	下り	1882. 5. 3	長吉丸	22反帆	

（出所）　前掲中西聡『海の富豪の資本主義』277頁の表補Ⅱ-2より作成。

（注）　それぞれ石見国浜田湊の清水家所蔵「客船帳」と越後国出雲崎湊の熊木屋「客船帳」に記載された道正屋馬場家の廻船の入津を示した。出雲崎湊への入津は積荷が判明するが、産地名のみの積荷は商品の種類を括弧書きで補った。浜田湊入津の備考欄の、登り（入津）は、北海道・北陸方面から浜田湊への到着を、下り（入津）は、畿内・瀬戸内方面から浜田湊への到着を示し、地名はその出発地を示す。例えば「松前登（入津）」は北海道を出発地とした船の入津を意味する。

場家廻船の北海道進出の様子が窺われる。実際、1870年代後半から80年代の北海道交易で馬場家は巨額の収益を上げ、富山県を代表する北前船主になった。

このように、越中の北前船主は、19世紀中葉は、北陸地方と畿内・瀬戸内を結び、積荷も庄内地域・北陸地域の年貢米、瀬戸内地域の塩、畿内の綿であったのが、近代に入り、産地間競争で新川木綿生産が衰退するなかで、北海道へ進出し、その収益により富山県の耕地取得を進めたり、汽船を購入して汽船経営への転換を図った。一般的な北前船主の盛衰から見ると、近代に入ってから北海道へ進出した新興の北前船主と位置付けられる。とはいえ、富山藩・金沢藩が米の産地であったため、江戸時代に年貢米輸送をかなり行ったため、廻船業者としての規模は江戸時代からかなり大きかった。ただし、後述のように宮林家は大規模御用商人であったが故に、近代初頭の地域振興のために巨額の資金を供出しており、明治時代に十分な経営拡大を図ることはできなかった。

2　越中廻船と北海道・北洋漁業

前述のように越中国の北前船は近代初頭に盛んに北海道へ進出したが、近代以降に北海道の漁獲量が増大すると、越中廻船の北海道進出はさらに強まり、富山県産米を北海道へ運んで販売し、北海道産魚肥を買い入れて富山県へ運んで販売した。こうして、北海道の漁民が食べる米と富山県で消費される肥料を媒介として、北海道漁業と富山県農業が密接に関係した。特に、富山県の北前船主は富山

表Ⅱ-10　宮城彦次郎家廻船運航状況

年	船名	船体規模	航　路
1895	快旋丸	115トン積	[函館・増毛]→(鯡)→柳井・三田尻→(塩)→東岩瀬→(米)→[小樽]→(鯡)→東岩瀬→(米)→[函館]
1895	安全丸	620石積	東岩瀬→(米)→[増毛]→(鯡)→三国→東岩瀬→(米)→三田尻→(塩)→東岩瀬
1895	和合丸	592石積	東岩瀬→(米)→[増毛]→(鯡)→東岩瀬→(米)→[増毛]→(鯡)→玉島・三田尻→(塩)→東岩瀬
1895	正運丸	454石積	東岩瀬→(米)→[積丹]→(鯡)→東岩瀬→(米)→[積丹]→(鯡)→東岩瀬
1895	清栄丸		東岩瀬→(米)→[小樽・積丹]→(鯡)→東岩瀬→(米)→[小樽・積丹]→(鯡)→尾道・三田尻→(塩)→東岩瀬
1895	日悦丸		東岩瀬→(米)→[増毛]→(鯡)→東岩瀬→(米)→[増毛]→(鯡)→東岩瀬
1901	清栄丸	690石積	東岩瀬→能登小木→[増毛]→[利尻]→境→敦賀→下関→三田尻→下関→小福良→隠岐→三国→東岩瀬
1901	和合丸	592石積	東岩瀬→氷見→能登小木→[増毛]→[焼尻]→敦賀→東岩瀬→[小樽]→敦賀→東岩瀬
1904	神速丸	508石積	東岩瀬→能登小木→[積丹]→東岩瀬→飛鳥→[小樽]→[積丹]→下関→東岩瀬
1905	神速丸	508石積	東岩瀬→佐渡→[積丹]→敦賀→東岩瀬→氷見→[増毛]→[小樽]→[留萌]→[余市]→東岩瀬
1906	神速丸	508石積	東岩瀬→水橋→能登小木→[奥尻]→[積丹]→東岩瀬→[小樽]→[積丹]→小木→東岩瀬
1907	神速丸	508石積	東岩瀬→[奥尻]→[積丹]→佐渡→東岩瀬→[小樽]→東岩瀬
1908	神速丸	508石積	東岩瀬→滑川→能登小木→[余別]→佐渡→能登宇出津→伏木→東岩瀬→[小樽]→[増毛]→東岩瀬
1909	神速丸	508石積	東岩瀬→能登小木→[余市]→伏木→東岩瀬→[小樽]→伏木→東岩瀬
1910	神速丸	508石積	東岩瀬→[余別]→伏木→東岩瀬→[小樽]→東岩瀬
1911	神速丸	508石積	東岩瀬→[積丹]→伏木
1914	第二喜宝丸	473石積	[礼文]→佐渡→輪島→敦賀→東岩瀬
1915	第二喜宝丸		東岩瀬→能登小木→[積丹]→伏木→[増毛]→[利尻]

(出所)　前掲中西聡『海の富豪の資本主義』281頁の表補Ⅱ-4より作成。
(注)　港と港の間の括弧内は輸送品。[　]は、北海道の港を示す。余別は積丹郡の港。

県で耕地を所有して小作農に農地を貸して農業を行わせたものも多く、富山県産米の北海道での販売と北海道産魚肥の富山県での販売は、自らも行った富山県での地主経営とも関連していた（高瀬保『加賀藩の海運史』）。

表Ⅱ-10を見よう。富山県東岩瀬の北前船主の宮城家は、近代初頭に北前船経営を開始し、1895（明治28）年には帆船6隻を所有したが、同年の同家廻船はいずれも東岩瀬港を拠点として、地元産米を北海道へ運んで販売し、北海道産魚肥を北海道から東岩瀬港や瀬戸内諸港へ運んで販売した。そして1900年代になると宮城家廻船は瀬戸内へ赴くことなく、専ら東岩瀬・伏木の富山県諸港と北海道の積丹・小樽・増毛などを年に複数回往復するようになった。宮城家は1924（大正13）年に富山県で125町歩の土地を所有しており、こうした地主経営を行った北前船主の活動により、東岩瀬港の移出入品は、1897・1916年ともに、最大の移出品が米で最大の移入品が肥料であった。ただし、北陸地方への官営鉄道の開通とともに、北海道産魚肥の富山県への物流がより一層汽船と鉄道を介して行われるようになると、宮城家は北洋漁業への転身を図った。同家は、1901年に西洋型帆船を黒竜江に出漁させ、日露戦争後の07年以降は樺太・沿海州にも出漁し、カムチャツカ・北千島へも進出した。

富山県西水橋の石金家も近代初頭に北前船経営を開始し、北海道で買い入れた魚肥を西水橋の自家の商店で販売し、自家の商店を通して集荷した米を北海道へ運んで販売した。石金家も1924年時点で約59町歩の土地を所有しており、北前船経営が土地経営と密接に関連していた。そして石金家は、1910年に水橋や東岩瀬の船主らと共同購入した船で20年から北洋漁業へ展開した。

こうした富山県の北前船主の北洋漁業への転身は、宮城家・石金家に限らず東岩瀬の森家・畠山家・米田家など数多くみられ、彼らの漁獲物が伏木港などに水揚げされることで、1910年代の富山県の水産物生産額は急増したのであった。

3　富山県の銀行の北海道進出

富山県の北前船主は、農業と漁業で北海道と富山県を結びつけたが、富山県内では銀行設立の担い手にもなった。明治初年に明治新政府は、新たな商品流通機構として主要拠点に通商会社・為替会社を設立させ、北陸では金沢に為替会社が設立された。この金沢為替会社の出資と経営の担い手になったのが、石川県粟ヶ崎の木谷家や、富山県伏木の藤井家や、富山県新湊の宮林家など、江戸時代からの有力な北前船主であった。そして1877（明治10）年に金沢で第十二国立銀行が誕生した際も、金沢為替会社の経営を担った北前船主らが出資と経営の主な担い手となった。金沢の第十二国立銀行は、その後富山の第百二十三国立銀行と合併し、富山に本店を置く第十二国立銀行となった。

富山移転後の第十二国立銀行は、富山の売薬業者らが経営の主な担い手となったが、富山県と北海道が物流と人の移住で深いつながりがあったことから、積極的に北海道へ支店を開設した。表Ⅱ-11を見よう。第十二国立銀行は1897年に十二銀行と改称したが、99年10月に最初の北海道内支店を小樽に開設し、その後北海道内では、札幌・旭川・函館など農業や漁業に関連のある拠点に順次店舗網を拡大した。そして1921（大正10）年時点で9ケ所、31（昭和6）年時点で17ケ所の北海道内支店を持つに至った（吉田賢一『北海道金融史研究』）。

明治時代以降の北海道では、開拓の進展とともに東京の都市銀行の出店が相次いだが、東京以外では富山県の銀行の出店が目立ち、特に十二銀行は1921年時点では、道外本店普通銀行として東京の第一銀行に次ぐ北海道の支店預金額と貸出額を示していた。十二銀行に続いて富山県では第四十七銀行が1907年に小樽に支店を開設したが、1890年代から同行の頭取を東岩瀬の北前船主の森正太郎が務めており、その関係もあって同行は早くから北海道へ進出した。その他、中越銀行、砺波

表Ⅱ-11　北海道に進出した道外本店普通銀行の状況

支店数の単位：店、金額の単位：万円

銀行名	本店所在地	道内支店数			払込資本金額		預金額		貸出金額	
		1911年	1921年	1931年	1921年	1931年	1911年	1921年	1911年	1921年
二十銀行	東京	4	—	—	—	—	302	—	338	—
第三銀行	東京	1	1	—	1,500	—	197	491	96	294
日本商業銀行	兵庫	2	2	—	500	—	167	570	159	314
三井銀行	東京	1	1	1	6,000	6,000	160	668	135	322
十二銀行	富山	2	9	17	625	1,315	133	982	273	907
糸屋銀行	兵庫	3	—	—	—	—	36	—	32	—
第四十七銀行	富山	1	1	1	255	255	6	91	23	195
田中銀行	東京	1	—	—	—	—	2	—	0	—
第一銀行	東京		4	4	3,635	5,750		2,070		1,349
中越銀行	富山		1	4	350	425		116		180
第五十九銀行	青森		1	1	463	593		64		152
砺波銀行	富山		1	—	193	—		3		0
安田銀行	東京			11		9,275				
三菱銀行	東京			1		6,250				
高岡銀行	高岡			1		953				
合計		15	21	41	13,521	30,816	1,003	5,055	1,056	3,713
道内本店普通銀行合計		29	63	115	1,952	2,072	1,681	7,316	2,795	13,990

（出所）　吉田賢一『北海道金融史研究』学術出版会発行、日本図書センター発売、2010年、35頁の第６表より作成。

（注）　日本銀行・樺太銀行および貯蓄（貯金）銀行は除いた。空欄はその時点で道内支店未設立で、—は消滅を示す。払込資本金額は銀行全体、預金額・貸出金額は北海道内支店分。本店所在地の高岡は富山県にある。1931年欄は30年末時点。

銀行、高岡銀行などが北海道へ支店を開設したが、中越銀行は農村部の地主層を中心として設立され、１９１２年に小樽に支店を設け、25年に旭川支店、26（昭和元）年に深川出張所をそれぞれ開設した。

一方、砺波銀行は、砺波郡の絹織物業への金融を目的として設立されたが、漁業関係者とのつながりから１９２１年に北海道の森に支店を開設した。そして高岡銀行は北前船主を含む高岡の有力商家を中心として設立された銀行であり、富山県各地の銀行の合併を進め、十二銀行と並んで富山県を代表する銀行となるとともに、砺波銀行を合併したことから北海道の森に支店を持つに至った。

1921・31年ともに北海道での道外銀行の支店の過半数は富山県の銀行の支店が占めており、こうした富山県の銀行が最終的に43年に合同して北陸銀行が誕生したことで、第二次世界大戦後に北陸銀行が、北海道金融界において道外本店銀行としては有力な地位を占め続けた。

4 高岡町の企業勃興と北前船主

銀行以外でも、富山県の北前船主は、運輸部門・工業部門の企業勃興に関与した。表Ⅱ-12を見よう。富山県の企業勃興は銀行と運輸部門が先行し、1898(明治31)年時点の主要製造会社は高岡紡績のみであったが、高岡紡績設立の中心的な担い手は、高岡の北前船主の菅野家であった。高岡は富山県西部の金沢藩領にある商業の中心地で、江戸時代から金沢藩領内の綿流通の拠点として高岡綿場が設置されていた。幕末期の菅野家は鮐の行商を行っていたが、近代初頭に北前船経営に進出して巨利を得て、高岡の店舗で北海道産物以外にも紡績糸・綿・蠟・砂糖など多様な商品を扱った。それゆえ菅野家は銀行・運輸業以外の様々な業種の企業勃興に関与した。

菅野家の企業勃興への最初の参画は、1889年の高岡銀行設立で、高岡綿場商人の系譜を引く北前船主の正村家と協力し、初代頭取は正村平兵衛が、2代頭取に菅野家当主(伝右衛門)が就任した。そして菅野家は、もともと扱っていた大阪の紡績会社製造の紡績糸に代わって自前での製造を目指し、1893年に高岡紡績を設立して菅野家当主が社長となった。この紡績会社は出資者を募って資本金

表Ⅱ-12　1898年・1908年時点富山県主要会社の動向

払込資本金の単位：万円

会社名	創業	払込	所在	主要役員氏名
①1898年時点				
十二銀行	1877	150	富　山	中田清兵衛、田中清次郎、大間知喜一郎
第四十七銀行	1878	38	富　山	[森正太郎]、宇津善吉、田中善三郎
高岡銀行	1889	30	高　岡	[正村平兵衛]、[菅野伝右衛門]、荒井荘蔵
高岡共立銀行	1896	18	高　岡	[木津太郎平]、[馬場道久]、高廣次平
中越銀行	1894	18	出　町	岡本八平、桜井宗一郎、安念次左衛門
伏木銀行	1896	11	伏　木	[堀田善右衛門]、[八坂金平]、[秋元伊平]
新湊銀行	1895	10	新　湊	[南嶋間作]、[金木喜三]、[湊屋清次郎]
高岡紡績	1893	30	横　田	[菅野伝右衛門]、正村義太郎、荒井荘蔵
中越鉄道	1896	30	高　岡	大矢四郎兵衛、正村兵太郎、[菅野伝右衛門]
中越汽船	1888	17	高　岡	筏井甚造、筏井甚吉、筏井儀四郎
北陸生命保険	1894	8	富　山	中田清兵衛、三田勝俊、田中清次郎
北一合資		8	高　岡	室崎間平、[菅野伝右衛門]、本間常吉
北越汽船	1893	6	魚　津	関口彦三、田村惟昌、菅野新作
北陸海上保険	1893	5	高　岡	高廣次平、志摩長平、[木津太郎平]
高岡肥料合資		5	高　岡	[木津太郎平]、松沢元吉、四津谷仁右衛門
中越煉瓦合資		5	藪　波	柴田久一郎、金田芳吉、堀井仁右衛門
②1908年時点				
十二銀行	1877	200	富　山	中田清兵衛、阿部初太郎、山田信昌
高岡銀行	1889	78	高　岡	正村義太郎、荒井荘蔵、[菅野伝右衛門]
第四十七銀行	1878	75	富　山	[森正太郎]、金井久兵衛、古川小三郎
高岡共立銀行	1896	72	高　岡	高廣次平、[馬場道久]、[平能五兵衛]
富山橋北銀行	1896	45	富　山	浅尾清太郎、大間知圓兵衛、山田善蔵
中越銀行	1894	41	出　町	岡本八平、安念次左衛門、小幡直次
富山県農工銀行	1898	40	富　山	内山松世、[藤井能三]、谷順平
岩瀬銀行	1900	30	東岩瀬	[馬場道久]、[馬場条次郎]、[畠山小兵衛]
中越鉄道	1895	70	下　関	正村義太郎、志摩長平、高廣次平
北陸人造肥料	1907	25	伏　木	[森正太郎]、[木津太郎平]、[堀田善右衛門]
中越汽船	1888	23	下　関	筏井甚造、筏井壽夫、石黒準太郎
北一合資	1897	15	高　岡	室崎間平、[菅野伝右衛門]、本間常吉
高岡紡績合名	1904	10	横　田	荒井荘蔵、[菅野伝右衛門]、室崎間平
富山電気	1898	9	富　山	金岡又左衛門、牧野平五郎、古川小三郎
北陸生命保険	1894	8	富　山	小澤武雄、鈴木廣、中村新之介
戸出物産	1896	7	戸　出	吉田養五郎、尾崎伊右衛門、永森宇右衛門
立山酒造	1906	7	中　野	菊野久太郎、岡本八平、林太郎右衛門

（出所）　前掲中西聡『海の富豪の資本主義』297頁の表補Ⅱ-10より作成。

（注）　銀行については、払込資本金額が、1898年時点は10万円以上、1908年時点は30万円以上のもの。それ以外の諸会社については、払込資本金額が、1898年時点は５万円、1908年時点は７万円以上のものを示した。合名銀行・合資銀行・取引所は除いた。創業欄は創業年、払込欄は払込資本金額、主要役員氏名欄には、取締役以上の役員を挙げ、頭取・副頭取・社長・副社長・専務・常務などの氏名は必ず含め、それ以外の取締役のうち北前船主を優先して示した。

30万円として設立され、1万錘規模の紡績機械を備えた近代工場も新設された。富山県下では最初の近代工場といえ、この時期の1万錘規模の紡績工場は本州の日本海沿岸地域では例がなく、北陸地方の産業革命の端緒となる可能性があった（『高岡市史』下巻）。

しかし、1896年の水害に1900年の大火と災害が相次ぎ、富山県の新川木綿産地が1880年代に衰退していたため、高岡紡績会社産の紡績糸の需要先は限られ、結局1904年に高岡紡績株式会社は解散し、資本金を10万円に減額して合名会社として再出発した。菅野家当主は、高岡紡績合名の社長となり、その後は好業績を上げたが、第一次世界大戦勃発に伴う不況で経営が悪化し、1915（大正4）年に高岡紡績合名は日清紡績に売却された。

菅野家らは電力業へも進出した。最初は高岡紡績による電灯事業兼営計画であったが、高岡紡績の業績悪化とともにその計画は頓挫し、1903年に高岡電灯会社を設立した。菅野家当主は設立時から一貫して同社社長を務め続けた。高岡電灯はその後も順調に発展し、富山県の自然条件が水力発電に有利であり、神通川電気会社を合併して発電所を獲得すると、1920年代後半以降近隣の電力会社を次々と合併した。このように菅野家は、北前船経営による商業的蓄積をもとに、銀行・紡績・電力と産業化の中軸となるべき業種の会社設立を進めたが、新川木綿の衰退後に大規模な紡績工場を設立したため、紡績業を十分に定着させられず、高岡町の工業化は不十分に終わった。

5　伏木港の企業勃興と北前船主

高岡地域で日本海に面した主要港の伏木では、高岡町より早くに会社設立が始まった。その担い手が伏木の北前船主兼廻船問屋の藤井能三家や、伏木に隣接していた新湊の北前船主の宮林彦九郎家であった。藤井家と宮林家は、江戸時代から金沢藩の御用を引き受け、明治維新後も藩主導で金沢為替会社が設立されると、藤井家・宮林家ともに惣頭取としてそれに参加した。藤井能三は、伏木の経済発展にも力を尽くし、郵便汽船三菱会社（三菱）の定期航路を伏木に誘致したものの、高運賃を求める三菱と次第に対立するようになった。そして独自の地域海運会社として1881（明治14）年に宮林家や富山県東岩瀬の北前船主の馬場家の協力を受けて、伏木港を拠点に北陸通船会社を設立して、社長に就任した。さらに藤井能三は伏木港の近代化にも力を注ぎ、1878年10月に自費で伏木港に灯台を建設した（正和勝之助『越中伏木湊と海商百家』）。

しかし1880年代前半の松方デフレは、金沢為替会社に大きな打撃を与え、同社は83年に増資して北陸銀行（現在の北陸銀行（本書56頁）とは別）と改称したが、86年に同銀行が破綻すると、藤井は同銀行の債務返済に自らの財産をあて、家産をほぼ完全に失った。そして北陸通船会社も解散に至った。新湊の宮林家も北陸銀行の債務返済に自らの財産をあて、家産をかなり失ったが、家産の保全よりも地域社会の振興を優先させる藤井家・宮林家の姿勢は、地域住民の共感を得た。それゆえ家産をほぼ完全に失った藤井家に対し、伏木町は町の共有財産の伏木港灯台を藤井家に譲渡し、灯台の使用料収入で藤井家の生計が成り立つようにした。その結果藤井能三は伏木に留まることができ、1893年に東京火災保険会社伏木代理（弁）店を開店して経済活動を再開した。その後の藤井能三は、伏木築港事業に全力を投入し、私財を投じて地域社会の振興に尽くし、地域社会から「名望」を得た証しとして、1896年に射水郡名誉職参事会員に選ばれた。

藤井能三などの努力により、富山県で最も整備された港湾となった伏木港周辺では、1910年代以降に工場設立が進み、臨海工業地帯が形成されるに至った。その端緒が、1908年に伏木で設立された北陸人造肥料会社（資本金100万円）であった。表Ⅱ-12に戻ろう。1908年時点の富山県の主要会社は、やはり銀行・運輸会社が中心であったが、製造会社としては北陸人造肥料が最大規模であった。この背景には、魚肥の生産量が北海道で減少し、中国東北部産大豆粕肥料の輸入が日露戦争で一時途絶したこともあり、それを補うための人造肥料製造ブームが生じたことがあった。設立メンバーの中心は、肥料取引に従事してきた北前船主らで、初代社長に東岩瀬の北前船主の森正太郎が就任し、高岡の北前船主の木津家や伏木の北前船主の堀田家も取締役として経営に参画した。

北陸人造肥料会社工場は、当時の富山県では最大規模で、その後の富山県化学工業発展の先駆けとなったが、第一次世界大戦によるヨーロッパからの重化学工業製品の輸入途絶は、日本で重化学工業が本格的に開始される契機となった。そして電力を大量に利用する製造会社にとって安価な電力が手に入る富山県は魅力的であり、伏木の臨海地域に次々と製造会社の工場が設立され、特に電気化学工業・製紙業などが発展した（『伏木港史』）。そのなかで、堀田家や八阪家のような江戸時代以来の北前船主は、伏木銀行など銀行経営は維持し得たものの、近代的製造業の経営は展開できずに、1920年代になると20世紀に入って以降に成長した資産家が伏木の近代化を実質的に担った。

例えば、伏木で船荷扱業を営んでいた棚田家は、高岡（守山）出身の米の仲買商で伏木に新たに設立された電気化学工業諸会社の設立に関わった橘家や、砺波出身で土木請負業を家業として水力発電工事などを手掛けた佐藤家の協力を得て、1918（大正7）年に資本金20万円で北海木材会社（1919年より北海商行）を設立した。そして建築資材の北海道・樺太での調達・輸送・販売あるいは建設請負を一手に担うことで、伏木臨海工業地帯の建築需要に対応した。

このように富山県と北海道のつながりは、銀行・運輸・諸産業で強かったが、むろん北海道は、近代以降に急速に開拓が進むなかで、富山県のみでなく様々な地域から人や物資や資金を受け入れ、他地域との交流のなかで文化や経済を展開させてきた。日本海沿岸地域経済の将来を考える上で、そうした歴史的背景を踏まえることも重要である。

第4章　能登半島の北前船主

1　能登廻船と北海道

江戸時代の北海道（蝦夷島）には、能登から多くの漁民や商人が移住し、両地域の経済的・人的交流は積極的に進められた。例えば、能登国安部屋の阿部屋村上家は、17世紀末～18世紀初頭に江戸時代の北海道の封建領主であった松前氏の城下へ移住して、18世紀後半に北海道奥地の場所での交易を請け負い、大規模な特権商人として活躍した。また、能登国正院の岸田三右衛門家は、江戸時代の北海道における三湊（本州方面との移出入湊）の一つとなった江差湊に進出し、18世紀から海運業で活躍した（『江差町史』第5巻通説1、第6巻通説2）。そして、岸田家を頼って能登国雲津の宮下孫平家も18世紀後半に江差湊へ進出した。前章は、近代の富山県と北海道の経済的つながりの強さを述べたが、江戸時代には越中国よりもむしろ能登国の方が、北海道とのつながりは強かったともいえよう。

2　戦国時代以来の豪農・時国家の北前船活動

戦国時代から能登半島先端の曽々木海岸地域で田畑の開墾を行い、豪農として活躍した家として時

表Ⅱ-13　時国家廻船安清丸の航路

年	主要航路
[1859]	[松前城下]—[樺太]—[宗谷]—[奥尻]—[松前城下]—陸奥脇野沢
1861	大坂—豊前田ノ浦—長門赤間関—能登輪島—佐渡小木—津軽深浦—[厚田]—[松前城下]—越前新保—長門赤間関—兵庫—阿波撫養—大坂
1862	大坂—兵庫—安芸御手洗—長門赤間関—佐渡小木—能登黒島—能登輪島—大坂—長門赤間関—[岩内]—[松前城下]—長門赤間関—大坂
1863	大坂—津軽鰺ケ沢—[松前城下]
[1867]	大坂—備前—讃岐多度津—豊前田ノ浦—長門赤間関—[増毛]

（出所）　泉雅博『海と山の近世史』吉川弘文館、2010年、127・147-152頁より作成。
（注）　年の［　］内は推定。主要航路の［　］内は、北海道・樺太の地名。

国家がある。同家は江戸時代初頭に二つの家（上時国家・下時国家）に分離したが、上時国家が、幕末・維新期に船を所有して北前船経営を行っていた（神奈川大学日本常民文化研究所奥能登調査研究会編『奥能登と時国家』）。

表Ⅱ-13を見よう。1850年代後半に、上時国家は3隻の和船を所有していたと考えられるが、そのうち安清丸の航路が60年代にかけて判明する。これをみると、松前城下に止まらず、北海道奥地の厚田・増毛・宗谷から樺太まで船が赴いていた。そこで安清丸は、昆布や魚肥を買い入れ、それらを主に大坂に運んで売却した。江戸時代の北海道では、北海道奥地で実施された場所請負制の下で、場所請負人に交易独占権が与えられていた。しかし1855（安政2）年に幕府が北海道の大部分を再度直轄した後は、幕府による蝦夷地交易振興策のもとで、場所請負人の交易独占権もある程度制限されて北前船が部分的に蝦夷地へ赴いて取引することが認められるようになった。そのなかで、上時国家も直接北海道奥地へ赴き、取引するようになったと考えられる（泉雅博『海と山の近世史』）。

3　北海道船主と能登半島の交流

能登半島の船主の北海道進出に対応して、北海道の船主も本州との交易の際に能登半島を訪れた。前述の能登国出身の村山家や岸田家は、自ら船を所有し、出身地元であった能登半島へ立ち寄ったと考えられるが、特に加賀国に平坦な海岸線が広がっていたため、能登半島の湊は風待ち湊として重要であった。その風待ち湊として有名であったのが現在の志賀町にある福浦港であり、河村瑞賢が1672（寛文12）年に整備した西廻り航路では、能登の福浦が現福井県・石川県・富山県域で唯一の寄港地として選ばれた。福浦港には、最盛期に20戸ほどの船宿があったといわれ、それら船宿には入港した船の年月日や船主・船名・船頭名などを記録した「客船帳」が残された。そのうち佐渡屋に残された「客船帳」が現存しており、そのなかで近代期に福浦港に入港した北海道船主を表Ⅱ-14で示した。

前述の岸田家が江差湊に移住したこともあり、能登半島と江差湊との交流は江戸時代から深く、近代初頭も江差港の船主の船の福浦港への入港が多かった。ただし、明治時代はそれまでの松前城下に代わり、函館に交通網の拠点が置かれ、定期汽船の寄港地として函館が流通の中心となるに伴い、函館の船主の船が活躍するようになった。そして福浦港にも函館の船主の船が訪れるようになり、北海道奥地の開拓が進んで、小樽に流通の拠点が移るとともに、20世紀に入ると、小樽や北海道奥地の船主の船が福浦港に入港するようになった。

小樽や北海道奥地の船主の多くは、江差や函館の船主のような商人船主ではなく、汽船経営主や奥地に多数の漁場を所有した大規模漁業家で、これまでの北前船主の系譜とは異なる新しい船主であった。能登半島では、七尾港が定期汽船航路の寄港地として整備され、石川県で最大の港となったが、福浦・小木などでは帆船の入港が多く、1908（明治41）年時点でも、福浦港は年間約2500隻、小木港は年間約4300隻の帆船が入港した（明治41年度『石川県統計書』）。

表Ⅱ-14　能登国福浦港佐渡屋「客船帳」にみる近代期北海道船主

船主	居所	入船年	職業
甲屋勘次郎	江差	1869	廻船問屋
高野屋佐吉	江差	1870	
堀口利三郎	江差	1875・1878	
山田六右衛門	江差	1876・1882・1884	海産物商
中川理右衛門	江差	1883	海産物商
笹木屋三郎右衛門	函館（茂辺地）	1870	
立林長八	函館（茂辺地）	1873	
舘栄助	函館	1877	
蠣崎禮吉	函館	1892	
木田長右衛門	函館	1899	
大村寅次郎	函館	1901	材木商
北魁漁業商会	函館	1902	
相原寅之助	函館	1905	
村上治五兵衛	渡島福島	1878	
根来武十郎	後志島牧	1882	
佐木栄吉	渡島大沢	1882	
工藤金右衛門	渡島吉岡	1885	呉服太物商
松村徳助	後志寿都	1887	
中村弥五郎	後志余市	1892	海産物商
井尻静蔵	小樽	1888・1894	漁業
相田周平	小樽	1906	汽船船主
北洋汽船会社	小樽	1923	
苫米地元次郎	北見紋別	1904	漁業
小田忠治	天塩留萌	1910	汽船船主

（出所）富来町史編纂委員会編『富来町史』続資料編、石川県羽咋郡富来町役場、1976年、1181-1187頁より作成。

（注）船主が明記されたものを示した。職業欄は、渋谷隆一編『都道府県別資産家地主総覧』北海道編2、日本図書センター、1995年、および明治40年度『日本全国商工人名録』第3版、上巻、商工社、1907年、北海道の部を参照。居所は、江差・函館・小樽以外は旧国名を付記した。

4　浪華財界の三羽烏・西村家の北前船経営

明治時代の能登半島で最大の北前船主となったのが一の宮の西村家であった。西村屋忠兵衛は、1834（天保5）年に能登国一の宮出身の北前船主の綿屋喜兵衛家の水夫となり、41年に雇船頭となって50年代には自ら船を所有するようになったと考えられる。1862（文久2）年に西村屋は大坂に問屋店を持ち、北海道の厚岸・箱館と阿波国撫養・大坂間を専ら往復し、北海道産魚肥取引で大きな利益を得た。その点で、西村屋は創業以来北海道をめざす経営志向性が強かったといえる。その後西村屋は和船所有数を増やし、最幕末期に手船4隻と雇船3隻を動かすに至った。

明治時代の西村屋は、西村を姓とし、北海道と瀬戸内・畿内を専ら結んで北海道産物を扱う廻船経営を継続した。手船所有数はさらに増大し、1870年代には10隻前後の和船を所有したと考えられる。それとともに西村家大阪店は、大阪松前問屋一番組に加入し、1889（明治22）年には問屋組合の取締を務めるに至った。そして当時の大阪では、浪華財界の三羽烏として「銀行の鴻池、鉱業の古河、海運の西村」とうたわれるようになった（西村通男『海商三代』）。

同時に西村家は、所有帆船の近代化を進め、1883年から西洋型帆船を2隻所有し、この間西村家大阪店が扱った北海道産魚肥は、1880～81年の9ケ月間で約2300石であったが、1886年秋～87年6月は1万石近くに上ったと推定され、西村家の海運経営は急拡大した。そして、北海道稚内にも支店を設けて、産地と集散地の両方に拠点を設けるに至った。

しかし1902年に西村家2代目当主忠左衛門が亡くなると、近代的交通網・通信網の整備による地域間価格差縮小のなかで、3代目当主忠吉は北前船経営に見切りをつけ、大阪店と稚内支店の整理を進め、西洋型帆船4隻のみを残して郷里の一の宮に戻った。表Ⅱ-15を見よう。その後西村家は、七尾を中心に能登地域の会社経営に携わり、地元経済と関係を持ったが、いずれも長続きせず、海運経営のみを続けた。そして忠左衛門の息子忠一が函館へ居を移し、北洋漁業や汽船会社に活路を見出そうとした。

忠一は、1908年以降自家帆船を利用してカムチャツカの漁場へ赴き、忠吉と共同で汽船を購入して貨物輸送の樺太定期航路（函館—小樽—樺太）を開設した。そして、1917（大正6）年に函館で資産家の支援を得て日洋汽船会社を創立したものの（表Ⅱ-15）、それが20年恐慌で大打撃を受けて解散に追い込まれ、西村家の事業は終わりを告げた。

表Ⅱ-15　西村家会社役員の推移

資本金の単位：万円

会社名	資本金	所在	1902年	1908年	1913年	1919年
廣業銀行	6.8	羽咋	監査役1)	取締役2)	取締役2)	
北陸セメント	2.0	七尾	取締役1)			
北洋汽船	20.0	七尾		取締役2)	取締役2)	
能登倉庫	1.3	矢田郷			取締役2)	
北陸漁業	3.3	七尾			監査役3)	
七尾瓦斯		七尾				取締役3)
日洋汽船		函館				取締役3)

（出所）　前掲中西聡『海の富豪の資本主義』134頁の表2-17より作成。
（注）　各年の1月の状況を示すと思われる。資本金は1913年初頭の払込資本金額で、北陸セメントのみ1907年初頭の払込資本金額。1)忠左衛門。2)忠吉。3)忠一。

5 能登廻船と「海民論」

歴史学者の網野善彦氏は、前近代の日本社会を農業社会と捉えるのではなく、農業以外の多様な生業の存在を強調して、漁業や海運業など海に関わる生業から前近代の日本社会を捉え直す「海民論」を提唱した。その網野氏の議論のベースの一つにあったのが、能登の時国家であった。すなわち、戦国時代から開墾活動を長年進めて豪農となった時国家は、江戸時代も農奴主として大規模に農業経営を行っており、これまでは江戸時代の農村社会を体現する家と考えられてきた。ところが、網野氏が神奈川大学日本常民文化研究所奥能登地域調査研究会の代表として時国家調査を進めるなかで、時国家が北前船経営も行い、北海道や樺太まで交易に赴いていたことが判明し、それが網野氏の「海民論」を支える有力な論拠の一つとなった（網野善彦『海と列島の中世』）。

時国家の北海道・樺太への進出は、幕末に幕府が蝦夷地を直轄するなかで、蝦夷地との交易を活発化しようとした幕府の政策の枠内で進められたと考えられ、江戸時代は近代以降のように民間が自由に経済活動を行えたわけではない。とはいえ、江戸時代後期から明治時代前期の日本海交易は今では想像できないほど活発であり、その拠点に、能登半島のような半島や、佐渡や隠岐のような島がなっていた。日本の歴史を海の視点から再認識することには重要な意義があると思われる。

第5章　加賀の北前船主

1　加賀廻船と北の海

加賀国（現石川県南部）は、北前船主の輩出地として著名で、江戸時代から多数の加賀廻船が北海道や東北日本海沿岸を訪れていた。そして江戸時代の加賀国の北前船主には、地元金沢藩のみでなく東北諸藩の御用を引き受けたものもいた。また加賀地域の北前船主の多くが明治時代に北海道に拠点を移し、北洋漁業へも進出した（表Ⅱ-16）。

江戸時代には青森湊・鰺ケ沢湊など北東北に支店を設けた北前船主が多く、明治時代は函館・小樽に支店を設けた北前船主が多かった。江戸時代の支店は、青森湊・鰺ケ沢湊に店舗を構えたのではなく、青森湊・鰺ケ沢湊の主要取引先に支配人を派遣してそこに寄宿させてもらい、そこで支配人が商取引の差配をする形であった。それに対し、明治時代の支店は、函館港・小樽港などに店舗が開設され、倉庫も併設されて倉庫業を兼業したり、漁場を所有して漁業を兼業する場合も多かった。

青森湊・鰺ケ沢湊は弘前藩領にあったため、そこに拠点を置いた北前船主は弘前藩の御用を引き受けた。なかには陸奥湾に面した野辺地湊に進出し、野辺地湊が盛岡藩領であったことから、盛岡藩の

表Ⅱ-16　北海道・東北地域に支店を設けた加賀国の北前船主

隻数の単位：隻

船主	出身	最大所有		海運業撤退	支店	北海道・東北地域での事業展開
		隻	時期			
銭屋五兵衛	宮腰	15	1852年	1852年	青森	弘前藩・盛岡藩の御用（金融、藩米・御用品輸送）、材木・大豆取引
木谷藤右衛門	粟ヶ崎	22	1800年	1881年頃	鰺ヶ沢	弘前藩・盛岡藩の御用（金融、藩米・御用品輸送）、材木・大豆取引
木谷治助	粟ヶ崎	6	1846年	（幕末頃）	鰺ヶ沢	弘前藩・盛岡藩の御用（金融、藩米・御用品輸送）
丸屋伝右衛門	大野	5	1830年代	明治初年	青森	弘前藩の御用（金融、藩米輸送）
丸屋伝四郎	大野	4	1850年	明治初年	青森	弘前藩・盛岡藩の御用（金融、藩米・御用品輸送）
川端屋嘉左衛門	大野	2	1840年代	（幕末頃）	青森	弘前藩の御用（金融、藩米輸送）
熊田源太郎	湊	10	1876年	1910年代	小樽	海産物委託売買、海運業、浜益郡・樺太漁場所有
西出孫左衛門	橋立	8	1879年	（1910年代）	函館	海産物雑貨荒物商、倉庫業、紋別郡漁場所有、函館銀行取締役・小樽倉庫会社取締役
久保彦助	橋立	7	1878年	20世紀初頭	函館	海産物雑貨荒物商、函館銀行取締役
久保彦兵衛	橋立	5	1890年	20世紀初頭	函館	物産商
忠谷久蔵	橋立	3	1890年代	20世紀初頭	函館・根室	物産荒物商、奥尻・根室郡漁場所有、魚菜会社頭取、函館汽船会社取締役
酒谷長一郎	橋立	3	1890年代	1918年	函館	海産物雑貨荒物商、網走郡・樺太漁場所有
平出喜三郎	橋立	2	1900年	（1910年代）	函館	海陸物産商、汽船海運業、択捉郡漁場所有、函館商業会議所会頭、函館銀行取締役
横山彦市	橋立	4	1890年代	20世紀初頭	小樽	海運業
増谷平吉（祐二）	橋立	2	1890年代	20世紀初頭	小樽	物産商、宗谷郡漁場所有、加越能開耕会社取締役
西谷庄八	橋立	2	1890年代	20世紀初頭	小樽・樺太	海運業、倉庫業、樺太漁場所有、北陸汽船合資会社社員
林清一	大聖寺	3	1890年代	20世紀初頭	小樽	米穀海産物商、倉庫業、忍路・苫前郡漁場所有、加越能開耕会社・札幌精米会社取締役
廣海二三郎	瀬越	11	1887年頃		小樽	海陸物産商、倉庫業、余市郡漁場所有
大家七平	瀬越	9	1889年		小樽・樺太	海陸物産商、倉庫業
角谷甚吉	瀬越	4	1890年代	20世紀初頭	小樽	海陸物産委託売買、積丹・浜益郡漁場所有
浜中又吉	塩屋	3	1890年代	20世紀初頭	岩内	海陸物産商、古宇・宗谷郡漁場所有、岩内倉庫合資会社社員
西野小市郎	塩屋	3	1810年代	（幕末頃）	鰺ヶ沢	弘前藩の御用（金融、藩米輸送）

（出所）　前掲中西聡『海の富豪の資本主義』、木越隆三『銭屋五兵衛と北前船の時代』北國新聞社、2001年、前掲柚木学編『諸国御客船帳』（下）、前掲柚木学編『近代海運史料』、前掲出雲崎町教育委員会編『出雲崎町史』海運資料集（２）、前掲中西聡「北前船主系汽船船主の多角的経営展開」より作成。

（注）　船主の括弧内は代替わり。最大所有は帆船の推定最大所有数。海運業撤退欄の括弧内は推定。

御用を引き受けるものもいた。江戸時代に北東北に拠点を設けた加賀国の北前船主の代表例として銭屋五兵衛を、明治時代に函館および小樽に支店を設けた加賀国の北前船主として酒谷長一郎と熊田源太郎を取り上げて、彼らが北海道・東北地域の経済とどのように関わったかを述べたい。

2　北海の豪商・銭屋五兵衛

銭屋五兵衛は、1811（文化8）年に海運業を始めるとまもなく、出身地の加賀国宮腰の材木問屋職に就任することを金沢藩から要請され、材木取引と関わることになった（木越隆三『銭屋五兵衛と北前船の時代』）。江戸時代には北東北地方に材木の産地があり、そのため銭屋五兵衛も北東北地域に関心を持った。主な材木商品として、下北半島・津軽半島の檜材、秋田の杉材が挙げられるが、銭屋は主に下北半島・津軽半島の材木を扱った。さらに銭屋廻船は、北海道へも進出し、下北半島・津軽半島や北海道との交易の拠点となった青森湊に、銭屋は（岡）支配人を常駐させるようになった。支配人は青森湊の廻船問屋瀧屋善五郎家に寄宿し、弘前藩の御用を請け負うようになった。銭屋は、弘前藩の御用金を負担し、代わりに1836（天保7）年に弘前藩から扶持米が支給されることとなり武士並みの待遇を受け、1837～41年の5年間に弘前藩領に回航した銭屋廻船は「水主役」免除の特権を得た。

表Ⅱ-17を見よう。銭屋の青森湊の支配人の差配によって行われた活動は、①弘前藩などへの資金

表Ⅱ-17　銭屋青森支店の決算報告

単位：両

項目	1844年	1846年	1847年	1849年
弘前藩等への御用金	1,443	2,631	3,130	3,733
取替金・利貸金	0	120	2,092	1,560
蔵米・払米の買入金	3,778	2,942	2,889	7,447
材木購入の前貸金	1,140	1,396	612	1,050
大豆の買入金	1,044	868	730	1,556
〆粕・昆布・小麦の買入金	78	1,891	624	633
延売物の未収代金	244	0	697	708
合計	7,727	9,848	10,774	16,687

（出所）　前掲木越隆三『銭屋五兵衛と北前船の時代』103頁、表6より作成。

貸付、②北東北地域の商人への貸付、③藩米の買取り、④材木取引における前貸し、⑤大豆の買入れ、⑥〆粕・昆布・小麦など弘前藩・盛岡藩領の産物の買入れ、⑦北東北地域の商人への延売、などからなっていたと考えられる。

このうち①と③は藩との関係で、弘前藩が多かったが秋田藩の藩米も含まれた。⑤と⑥については陸奥湾内の野辺地湊での取引が多く、野辺地湊は盛岡藩領であり、野辺地湊周辺の主要産物であった大豆・〆粕の買入れが行われると同時に、銅・大豆など盛岡藩の御用品を大坂へ廻漕する運賃積経営も行われた。こうした盛岡藩の御用品の運賃積は銭屋のみでなく、表Ⅱ-16にある木谷藤右衛門・木谷治助・丸屋伝四郎など、銭屋と同様に青森湊や鰺ケ沢湊に（岡）支配人を置いた北前船主らも引き受けた。これら青森湊・鰺ケ沢湊の（岡）支配人らはいずれも各湊の廻船問屋宅に寄宿して活動し、情報交換を行っていた。

このようにして、弘前藩・盛岡藩・秋田藩などの藩米や領内の産物（材木・大豆・〆粕・昆布・小麦）などは、加賀国の廻船によって北陸や畿内に運ばれた。また1840年から金沢藩が御手船を所有し、それらを藩内の有力船主に預けて運航させ始めると、銭屋の船が最初に御手船として選ばれた。そして銭屋自慢の船で、実積載量1500石の巨大和船常豊丸も金沢藩の御手船とされ、銭屋は金沢藩の「御手船裁許」となった。しかし銭屋の隆盛は、河北潟埋立新開の際に、民衆の反発を招くこととなり、結果的に銭屋は取り潰された。

3　函館に店を開いた酒谷家

北東北地域を主要な活動拠点とした銭屋五兵衛に対し、加賀国橋立の北前船主は、江戸時代から北海道に積極的に進出した。橋立の北前船は、牧野隆信氏によって北前船の典型例とされ、1年間に北海道と畿内を往復するコースが紹介されてきたが、橋立の北前船主酒谷家廻船の場合は、北海道での取引湊は箱館であった。酒谷家は19世紀中葉の時点で、一族で5隻ほどの船を所有していたが、毎年のように箱館湊の問屋から北海道産魚肥を買い入れて大坂・兵庫の湊へ運んで販売した。その取引形態は近代に入っても変わらず、19世紀末までは函館港と大阪港・兵庫港・徳島港を結んで取引を行っていた。明治時代の酒谷一族は、本家の長平家と分家の長一郎家が北前船経営を継続したが、雇船頭の小三郎が独立して1890（明治23）年に函館に酒谷商店を開設した。その後、長平家は20世紀初頭に海運業から撤退したと考えられるが、長一郎家は1918（大正7）年まで海運業を継続した。そこで表Ⅱ-16では酒谷家として長一郎家を挙げた（中西聡『海の富豪の資本主義』）。

函館の酒谷商店は、海産物雑貨荒物商を業とし、1890年代の酒谷家廻船は北海道では専ら函館港の酒谷商店を取引相手としたと考えられるが、汽船網・電信網の発達により、地域間価格差が縮小したことで、北海道で魚肥を買い入れてそれを畿内・瀬戸内で販売する北前船経営の利益はあまり上がらなくなった。そのため日露戦後に南樺太が日本領になると、酒谷家は樺太漁業へ進出して、海産物を自ら漁獲して廻船で輸送した。ただし、樺太漁業はコストがかなりかかったと考えられ、結果的に1918年に酒谷長一郎家は海運業から撤退し、19年に函館の酒谷商店を店主の酒谷小三郎を代表社員とする合資会社酒谷商店として、酒谷長平・長一郎家の経営から分離した。

その後の酒谷家は、銀行定期預金・有価証券投資など資産運用を進めたが、そこでも函館に拠点を持っていたことが大きく影響していた。すなわち、酒谷家は銀行に定期預金する場合に、地元の銀行と函館の銀行と大阪の銀行に分散して定期預金し、リスク分散を図るとともに、株式投資先も20世紀初頭までは函館汽船会社・函館銀行・百十三銀行・函館船具合資会社など函館に本社（本店）を置く銀行や諸会社が主であった。その後、同家は伊予鉄道電気・京都電灯・大聖寺川水電など地元を含む本州の電力会社に投資したが、1920年代後半に、中央の大会社の社債を大量に購入するまでは、酒谷商店合資への出資を含め、函館の銀行・諸会社への株式投資は重要な位置を占め続けた。

酒谷家など橋立の北前船主は、1883年に地元大聖寺で大火があった際に、大聖寺に本店のあった第八十四国立銀行内に「殖産方貸付所」を設けて産業資金の貸付けを行い、その資金として酒谷家を含む橋立の北前船主5家が、合計1万9500円の出資をした。その他、病院設立や学校建設への寄付など、橋立の北前船主は、生活面での地元社会への貢献をしたことが知られている。

4 小樽に店を開いた熊田家

銭屋や酒谷家は、江戸時代から北前船経営で北海道・北東北地域と大きく関わってきたが、明治時代に積極的に北海道に進出した加賀国湊村の北前船主として熊田家がある。江戸時代の熊田家では、本家八郎兵衛家が主に廻船経営を行い、北陸地域と瀬戸内地域を結んで越後産米や瀬戸内産塩を主に取引していた。近代になると、分家源太郎家が本家を凌ぐ海運経営を行い、1880(明治13)年前後は秋田米や北海道産魚肥、90年代以降は専ら北海道産魚肥を扱うようになった。熊田源太郎家廻船の特徴は、定期汽船航路が整備された函館港ではなく、小樽港や北海道奥地の産地へ赴いて直接魚肥を買いつけたことにあり、それによって近代的な商社との競争を避けて産地直送取引を展開した。源太郎家は廻船の近代化も図り、和船から西洋型帆船に転換させ、1890年代後半には瀬戸内の多様な港で取引することでかなりの純利益を確保した(中西聡『海の富豪の資本主義』)。

むろん、酒谷家の事例と同様に、汽船網・通信網の発達とともに地域間価格差は縮小し、熊田家の北海道産魚肥取引の粗利益率は減少したため、熊田家廻船は、魚肥以外にも、それまでの塩・米に加えて材木・石灰など新たな積荷を扱ったり、運賃積を行って運賃収入を得るなどの対応をとった。表

表Ⅱ-18　熊田源太郎家廻船粗損益の内訳

金額の単位：円

年度	船名	下り利	主要商品	登り利	主要商品	運賃	商品(区間)
1904	神徳丸	656	三田尻塩、秋田白米、砂糖	2,063	〆粕、胴鯡		
	正直丸	852	三田尻塩、敦賀筵、砂糖	1,516	板、〆粕、胴鯡		
	長寿丸	68	白米、筵、縄	1,379	〆粕、胴鯡		
	吉廣丸	464	三田尻塩、加茂米、七尾筵	1,173	〆粕、胴鯡		
	三吉丸	101	秋田白米、塩、酒、砂糖	1,097	〆粕、胴鯡		
1905	長寿丸	880	砂糖、酒、塩、筵、白米	1,357	〆粕、胴鯡	509	石炭(留萌→舞鶴)
	正直丸	717	砂糖、石灰、筵、白米	728	〆粕、胴鯡、コークス	253	石炭(留萌→小樽・新潟)、(新潟→小樽)
	三吉丸	507	砂糖、酒、塩、白米	354	板	130	材木(下関→岡山)、米(岡山→大阪)
	吉廣丸	984	三田尻塩、砂糖、石灰	1,504	板、材木	86	石炭(若松→大阪)
1906	長寿丸	689	砂糖、塩、玄米	1,835	〆粕、胴鯡	566	石炭(留萌→小樽)、石炭(若松→大阪)
	春日丸	736	三田尻塩、砂糖、板、材木	521	生鯡、塩	110	石炭(小樽→大阪)
	正直丸	730	砂糖、塩、石灰	1,443	板、〆粕、胴鯡	97	石炭(小樽→大阪)
	三吉丸	834	三田尻塩、砂糖、白米、材木	229	胴鯡		
1907	長寿丸	940	砂糖、石灰、筵、白米	1,736	樺太粕		
	正直丸	326	三田尻塩、石灰	471	板、塩鱒		
	三吉丸	133	敦賀筵	462	〆粕、胴鯡、塩鱒		
	春日丸	349	三田尻塩、石灰	454	板		
1908	長寿丸	724	砂糖、塩、石灰、筵、白米	△1,304	鯡類	2,425	サハリン行き運賃
	正直丸	185	筵、縄、白米	△　18	鯡類、塩鱒	1,940	サハリン行き運賃
	春日丸	213	筵、縄	△　84	塩鱒、雑粕	1,897	石油(新潟→三国)、沿海州行き運賃
	三吉丸	514	三田尻塩、石灰、白米	175	〆粕、胴鯡		

（出所）　前掲中西聡『海の富豪の資本主義』256頁、表５-９より作成。

（注）　下り利は、畿内・瀬戸内・北陸から北海道方面への下り航路での売買粗損益額で、1904年の正直丸、1905年の長寿丸・正直丸の下り利には若干の運賃金も含む。登り利は、北海道から本州方面への登り航路での売買粗損益額。無印は利益、△印は損失。

Ⅱ-18を見よう。１９００年代の熊田家廻船では、依然として魚肥取引が中心であったものの、北海道・東北地方から北陸・瀬戸内・畿内地方への登り荷として板や材木を扱う船も登場し、北海道産の石炭を北陸や大阪へ運賃積で輸送するようになった。さらに、日露戦後に南樺太が日本領になるとそこへ進出した北洋漁業者への様々な物資を運賃積で輸送した。

こうして熊田家の北海道での経営が多様化したため、熊田家は１９０９年に小樽に出張店を開設した。熊田家小樽出張店は海陸物産委託売買を業とし、北海道外の商人の委託を受けて北海道産物を買いつけて委託主へ送ったり、自ら北海道産物を購入して北海道外の商人へ販売した。それに合わせて出身地の石川県湊村でも、1911年に本店の組織を改編し、熊田商業部を設立した。小樽出張店開店後に熊田家は漁業経営に乗り出し、樺太での漁業経営を開始するとともに、浜益郡でも漁業経営を行った。それと並行して1913（大正2）年に北海道名寄に農場を開設し、漁業部と農場は小樽出張店の管轄となった。

5　加賀の産業化と北前船主

加賀国と北海道・北東北地域のつながりは、銭屋五兵衛に代表されるように江戸時代に大きかったように思われがちである。確かに、宮腰・粟ヶ崎の北前船主や橋立の北前船主によって、北海道・北東北地域の産物が大量に瀬戸内・畿内に運ばれた。ただし、北東北地域には取引上の拠点が設けられたに過ぎず、本格的な店舗が開設されたわけではなかった。むしろ、明治時代になってから北海道に店舗を設けた加賀国の北前船主が多く、彼らは店舗で商業を行うとともに、直接漁業や農業へも進出した。そうした北前船主は、地元よりも北海道での株式投資を積極的に行うようにもなり、かくして加賀国の北前船主の遺した基盤が北海道経済に重要な貢献を果たすことになった。

一方、近代初頭において加賀国の地域経済の担い手になり得る有力資産家として大規模北前船主が想定できるが、旧加賀国南部の大聖寺藩領の北前船主は、酒谷家のように北海道と大阪に拠点を設けて専ら北海道産物を扱い、地元経済とのつながりは薄かった。それに対し、旧加賀国北部の金沢藩領域では、木谷家のように江戸時代以来の御用有力北前船主が主導して１８７０年代に会社設立が進められたが、彼らが関与した会社や家業が80年代前半の松方デフレで大きな打撃を受けた。それゆえ彼らは北前船経営から撤退し、企業勃興期に会社経営に積極的に関わろうとしなかった。

それに対し熊田家は、江戸時代は木谷家ほどの大規模北前船主ではなく、金沢藩からの御用金負担も木谷家よりも少なく、近代初頭に会社設立への関与を地域社会からそれほど強く期待されることもなかったがゆえに、明治時代に北前船経営を発展させることが可能であった。しかも熊田家は、酒谷家のように大集散地で主に取引するのではなく、三井物産のような巨大商社と正面から競争することもなかった。そして北前船経営の利益で１８８０年代・90年代に地元で土地取得を進めた。地元での土地所有の結果、地元で所有した耕地で利用する魚肥を北海道から地元へ運ぶ必要が生じ、熊田家は酒谷家と異なり、熊田家廻船の積荷（北海道産魚肥）の一定割合を地元で販売した。それが地元での店舗開設につながり、同時に熊田家は地元銀行や鉄道会社の経営に関与して、最終的には家業をそれぞれ地元会社に譲渡して地元経済の進展に寄与した。その意味で、結果的に旧加賀国地域の企業勃興に最も貢献した北前船主は、旧大聖寺藩領の大規模北前船主ではなく、旧金沢藩領域の大規模御用北前船主でもなく、熊田家のような旧金沢藩領域の中規模北前船主であった。

第6章　越前・若狭の北前船主

1　江戸時代前期の日本海海運

現在の福井県に含まれる越前国・若狭国には、中世の頃から日本海海運の拠点であった3つの主要湊が開かれていた。越前の三国湊・敦賀湊と若狭の小浜湊である。このうち敦賀湊と小浜湊は、日本海側から畿内へ向かう際の玄関口として、京都から最短距離に位置するという地理的な好条件があった。そして、日本海沿岸の産物は、中世の時代から日本海海運で越前国敦賀や若狭国小浜まで運ばれ、そこから陸路琵琶湖畔まで運ばれ、琵琶湖の湖上水運を利用して大津・坂本を経由して京都へ運ばれた。そのため、近江商人が日本海方面に進出した際には、敦賀・小浜を流通の拠点とした。

日本海方面へ進出した近江商人のなかには、17世紀から北海道へ進出したものがおり、彼らのうち近江国八幡町・柳川村・薩摩村出身のものは、北海道における本州方面との移出入湊に定められた松前城下や江差湊に拠点を設けて両浜組という仲間組織を設立した。18世紀になると両浜組は、北海道の海産物を共同で船を雇って敦賀湊まで運ばせ、そこから陸揚げして近江国へ運んだ。よって両浜組に雇われた船主も越前や南加賀の船主が多く、越前国河野・吉崎・敦賀、加賀国橋立の船主が主に雇われた（第Ⅰ部第1章を参照）。

一方、越前国のなかで加賀国に近い北方にあった三国湊は、九頭竜川の河口にあり、加賀国南部からの物資や、九頭竜川流域からの特産物の集散地であったため、港湾としての機能が早くから整い、江戸時代には福井藩の外湊ともなった。その結果、福井藩・丸岡藩の年貢米などの独占的移出湊として、日本海沿岸から下関を廻って瀬戸内海に入り、畿内まで到達する西廻り航路が整備されると、福井藩・丸岡藩の年貢米を中心とする物資の多くが、三国湊から直接海路大坂に送られるようになった。

2 越前・若狭の主要北前船主

前述の結果、越前国三国・河野・若狭国小浜などの船主が、有力な北前船主として成長した。表Ⅱ-19を見よう。江戸時代の越前・若狭の有力北前船主として、越前国三国の室屋（内田家）・木屋（長谷川家）、若狭国小浜の古河家が挙げられる。これら越前国三国・若狭国小浜の有力船主は、福井藩・小浜藩と結びついて御用金を負担する代わりに、御用輸送を大規模に行っていた。それに対し、越前国河野・敦賀の船主は、近江商人の両浜組に雇われて北海道—敦賀間の輸送を担った船主が多く、越前国河野の右近家・中村家も、当初は両浜組に雇われたが、19世紀に入ると両浜組から独立して、自ら輸送業とともに商業も行うようになり、彼らはむしろ明治時代に江戸時代以上に成長した。

全体として、越前・若狭の有力北前船主は、大藩の御用輸送を担うことで、江戸時代に大規模な廻

表Ⅱ-19　越前・若狭の有力北前船主

隻数の単位：隻

出身地	屋号(姓)	名	帆船所有開始	帆船所有終了	江戸時代最多		明治時代最多	
					隻	時期	隻	時期
越前三国	室屋(内田)	惣右衛門	18世紀前半	1885年	7	1810年頃	12	1875年頃
越前三国	戸口屋	久四郎	1818年頃	1855年頃	6	1843年頃		
越前三国	室屋(内田)	平右衛門	1820年代	1880年代	5	1863年頃		
越前三国	木屋(長谷川)	甚右衛門	1832年頃	1862年頃	12	1844年頃		
越前三国	紅粉屋	喜兵衛	1840年頃	1840年代	4	1844年頃		
越前三国	森田	三郎右衛門	1848年頃	1883年頃	12	幕末	16	1875年頃
越前三国	中浜屋(橋本)	利助	1850年代	1890年代	2	1857年頃	4	1875年頃
越前河野	右近	権左衛門	1730年代	20世紀初頭	8	1866年	21	1886年
越前河野	中村	三之丞	1750年代	1920年代	3	1798年	7	1890年代
越前敦賀	大和田	荘七	1853年頃	1880年代	4	1860年代		
若狭小浜	古河	嘉太夫	1727年	1880年	11	1846年	5	1870年頃
若狭小浜	木綿屋(志水)	源兵衛	1820年代	1880年代	4	1840年代		

（出所）　前掲柚木学編『諸国御客船帳』（上・下）、前掲柚木学編『近代海運史料』より作成。

（注）　上記の「客船帳」に登場した帆船船主のうち、19世紀に同時に4隻以上の帆船（商船）を所有したと考えられる船主を示した。上記「客船帳」で判明しなくとも、その家の史料で条件を満たすと考えられる家も併せて示した。帆船所有開始・終了時期は、その家の史料や、「客船帳」等より判明する範囲で示したので、必ずしも正確ではない。「江戸時代最多」「明治時代最多」は、判る範囲でそれぞれ所有最多の帆船の数とその時期を示した。

福井県小浜港廻船問屋の引札

（神戸大学海事博物館所蔵）

船経営を行ったものの、御用金負担が大きかったため、その蓄積をうまく明治時代につなげることができず、近代に入って廻船経営を縮小した越前国三国・若狭国小浜の船主と、廻船経営の開始は早かったものの、藩の御用輸送ではなく近江商人に雇われて北海道—敦賀間の輸送に携わり、そこから独立して商業も行うようになった越前国河野の船主と、廻船経営の開始が19世紀中葉と遅く、幕末・維新期に急速に廻船経営を拡大して有力船主になった越前国三国の森田家や越前国敦賀の大和田家などの三つのタイプに分類することができる。このうち、江戸時代の若狭地域と北海道・北東北地域とのつながりを、若狭国小浜の古河家の事例から、明治時代以降の越前地域と北海道地域とのつながりを、越前国河野の右近家と越前国敦賀の大和田家の事例から見てみたい。

3　小浜藩の御用船主・古河嘉太夫家

若狭国では、小浜藩城下の湊に大規模な廻船業者が存在したが、彼らは両浜組の雇船にはならず、18世紀は主に北陸地方と瀬戸内・畿内との輸送に従事していた。それが19世紀になると北海道や北東北へも進出した。その代表例が、小浜藩城下最大の船主で19世紀中葉には10隻前後の和船を所有した古河嘉太夫家である（古河嘉雄『海商古河屋』）。表Ⅱ-20は古河家廻船の比較的大きな金銭出入のうち北海道・東北地域に関係のあったもので、北海道の松前城下では、阿部屋・山形屋と主に取引し、津軽国鰺ケ沢の竹屋、秋田の岩城とも継続的に取引し、津軽（弘前）藩の御用も引き受けていた。

松前城下の山形屋との取引は主に帆用取組であった。帆用取組とは北海道の場所請負制に伴う独特の取引形態で、北海道奥地の蝦夷地場所での独占的交易権を保持した場所請負人から場所産物を青田買いするために、蝦夷地場所と松前城下の間を北前船が運賃積輸送を行い、北前船が蝦夷地場所から松前城下へ運んだ積荷を、松前城下でそのまま場所請負人から買い入れる取引形態であった。その場合、北前船主が買入代金を松前城下の取引相手に先渡しすることも多く、表Ⅱ-20ではそれが古河家

表Ⅱ-20　古河家船勘定の主要内容（北海道・東北関係）

金額の単位：両

年度	船名	金額	内容
1835	嘉徳丸	852	阿部屋・沖崎屋（松前）大坂角清分共
1836	嘉徳丸	900	阿部屋（松前）場所取組
1836	朝日丸	726	関東屋・中村屋（松前）場所引当
1838	伊勢丸	525	福島屋（箱館）三石昆布取組
1839	伊勢丸	332	津軽様調達並預け置残り
1844	嘉徳丸	600	山形屋（松前）場所取組
1844	嘉納丸	400	山形屋（松前）場所取組
1844	朝日丸	500	岩城（秋田）９月切の分
1845	嘉徳丸	525	山形屋（松前）場所取組
1845	嘉納丸	425	山形屋（松前）取組貸
1845	朝日丸	665	本間（酒田）様荷物改残
1846	嘉徳丸	550	山形屋（松前）場所取組
1846	嘉納丸	519	阿部屋（松前）延売
1846	嘉納丸	450	山形屋（松前）取組貸
1846	嘉納丸	368	山形屋（松前）預け物
1847	嘉徳丸	700	山形屋（松前）帆用取組
1847	度会丸	585	竹屋（鰺ケ沢）御米延売分
1847	度会丸	420	竹屋（鰺ケ沢）白木綿代
1848	嘉徳丸	520	山形屋（松前）帆用
1849	嘉徳丸	700	山形屋（松前）帆用取組
1849	嘉徳丸	619	山形屋（松前）預け木綿3,507反代
1849	度会丸	460	竹屋（鰺ケ沢）・西村屋冬買約定貸
1850	嘉徳丸	500	山形屋（松前）帆用取組
1850	嘉納丸	550	山形屋（松前）場所取組
1851	嘉徳丸	976	阿部屋（松前）買置粕他残り預け
1851	嘉徳丸	550	山形屋（松前）帆用取組
1851	度会丸	2,152	津軽様調達2,000反並借換利共
1851	度会丸	1,520	津軽様買置並竹屋・西村屋貸
1855	度会丸	520	竹屋（鰺ケ沢）延売代買置米預け物
1855	嘉納丸	961	岩城（秋田）延売預け物仕切違共
1857	嘉徳丸	400	山形屋（松前）場所取組
1857	嘉納丸	373	岩城（秋田）預け木綿1,673反他代

（出所）　前掲中西聡『海の富豪の資本主義』358頁の表７-７より作成。

（注）　古河家の廻船の次年度繰越内容のうち、史料上の換算比率で金（両）単位に換算して、300両以上の金額の貸借を示した（いずれも古河家の貸）。内容欄の取引相手先の後ろの括弧内はその所在で、松前は松前藩城下のこと。北海道・東北地域の取引相手との分のみを示した。

の貸として計上された。積荷を早めに確保したい北前船主と販売先を早めに確保したい場所請負人の利害が一致して、場所（帆用）取組という取引形態が北前船主と場所請負人との間で広く行われた。

また古河家は、鰺ケ沢にも（岡）支配人を常駐させ、北東北地域での取引を差配させた。北東北地域では、おそらく畿内から仕入れた木綿を販売し、弘前藩・秋田藩などの御用を引き受けた。すなわち、1834（天保5）年に弘前藩蔵米500石の兵庫への廻漕を引き受け、38年に秋田藩米2000石の払い下げを引き受けた。そして1851（嘉永4）年には古河家廻船が弘前藩の依頼を受けて木綿を大坂で調達して津軽に運んだ。

そして古河家は地元小浜藩の御用も積極的に引き受け、1799（寛政11）年に米手形役所頭取を命ぜられた。明治維新まで古河家当主が代々米手形役所頭取を務め、扶持米も加増されて1860（万延元）年前後に永代100人扶持となったが、その対価としての小浜藩への御用金負担も相当の額に上り、68（慶応4）年の2万両の献金要求には、古河家は所有船全てを大坂で売却して得た資金で賄った。そのため明治維新後の1869（明治2）年に米手形役所が閉鎖されて頭取を免ぜられ、江戸時代の100人扶持も取り消されることで古河家の収益基盤は大幅に失われた。

4　福井県の大汽船船主右近家と大銀行家大和田家

小浜湊の北前船主や三国湊の北前船主が、小浜藩・福井藩とのつながりの強さから多額の御用金を負担した結果、最幕末期には資産額が伸び悩んだ一方で、藩とのつながりが相対的に弱かった越前国河野や敦賀の北前船主が明治時代に発展した。そして河野の右近権左衛門家は個人船主として日本有数の汽船船主となり、敦賀の大和田（桶屋）荘七家は、大和田銀行を設立し、炭鉱業へも進出した。

右近家はもともと両浜組の定雇廻船として両浜組の積荷の北海道・敦賀間の輸送を担っていたが、19世紀に入ると買積経営を拡大し、前述のように19世紀中葉から急速に和船所有数を拡大した。右近家が高蓄積を行えた基盤は、特に北海道・北陸方面から瀬戸内・畿内方面へ運んだ登り荷の売買利益であった。そして最幕末・維新期には北海道・北陸と畿内との米価・魚肥価格差が急拡大したため、登り荷の売買利益は急増した。また右近家は、買積と並行して船の合間利用などで運賃積も行っており、ある程度安定して運賃収入も得ていた。19世紀中葉の右近家廻船の運航状況をみると、敦賀湊を運航拠点に置き、北海道では場所請負が行われていた奥地の小樽内や増毛まで赴くとともに、北海道と敦賀の間を年間で数往復していた。場所請負が行われていた小樽内や増毛まで右近家廻船が赴く場合は、前述の帆用取組が行われていたと考えられる。さらに、畿内まで毎回運んだのではなく、敦賀で折り返して年に複数回北海道と本州の間を往復することで、年間の売買利益額を増やす工夫を行っていた。この運航形態は、敦賀の近隣に位置し、18世紀の運賃積時代から敦賀を拠点としてきた河野浦の北前船主ならではの特徴であった（『北前船と日本海の時代』）。

近代に入り右近家はさらに所有和船数を増大させ、１８７０年代には10隻以上の和船を所有するこ

表Ⅱ-21　右近家廻船魚肥地域別買入・販売量

単位：石

地域	1878～81年	1882・83年	1884年	1887年	1888年
①買入					
利尻・礼文郡	816	0	0	4,563	4,343
留萌・増毛・浜益郡	3,867	1,501	4,429	6,587	6,280
小樽港	0	1,636	0	105	5,695
高島～積丹郡	599	2,674	4,288	1,806	3,795
古宇～瀬棚郡	2,670	8,657	3,848	3,449	3,558
江差港	5,011	1,209	1,900	2,065	0
福山港	0	0	1,248	1,064	0
鰺ケ沢（青森県）	0	0	0	690	0
右近家廻船	1,483	0	2,610	1,917	0
不明分	0	3	26	175	0
合計	14,446	15,700	18,349	22,421	23,671
②販売					
敦賀（福井県）	639	145	0	1,396	2,413
境（鳥取県）	0	0	0	1,369	0
下関（山口県）	8	0	1,096	0	989
尾道・松浜（広島県）	116	0	0	1,653	1,330
玉島・笠岡（岡山県）	1,240	0	4,214	1,540	1,430
多度津・高松（香川県）	0	0	765	0	698
徳島	0	3,644	2,502	4,429	6,681
飾磨・岩見（兵庫県）	1,314	997	0	680	2,537
兵庫	0	0	0	159	0
大阪	298	1,128	3,749	8,065	5,838
右近家廻船	0	0	390	0	0
不明分	1,049	468	0	0	206
合計	4,664	6,382	12,716	19,291	22,122

（出所）　前掲中西聡『海の富豪の資本主義』153頁の表補Ⅰ－5より作成。
（注）　1878～81年欄と1882・83年欄は、その期間の各年の分を合計。史料が残されていた右近家廻船の分を集計したため、右近家すべての買入・販売量を示すわけではない。地域欄の買入地域は、鰺ケ沢を除いてすべて北海道。地域欄の右近家廻船は、右近家廻船が他の右近家廻船と売買した量を示す。

とになった。ところが1880年代前半の松方デフレの時期は、北海道産魚肥価格も下落し、買積経営に不利な時期となった。表Ⅱ-21を見よう。右近家廻船は北海道産魚肥価格の下落に対し、北海道で産地の漁村に直接赴き、漁民や漁村の海産物商と取引することでより安価に北海道産魚肥を買い入れた。そして自らも、増毛郡に漁場や海産干場（漁獲物の加工場）を所有して生産過程に直接関与するに至った。すなわち、１８８０年代前半に右近家は増毛郡に約1万２０００坪の海産干場を所有し、80年代後半に増毛郡と小樽に約２０００坪の宅地を取得した。右近家はその後小樽に倉庫を建設して経営拠点を設け、１８８９（明治22）～90年に増毛郡で少なくとも鯡建網5ヶ統の操業届を増毛郡役所に提出した。

本州での販売拠点としては、江戸時代の敦賀から明治時代は徳島や大阪の重要性が高まり、兵庫県飾磨に右近家の支店が設けられた。１８９０年代には所有和船の西洋型帆船への転換を進めるとともに汽船も所有し、20世紀に入ると汽船運賃積に海運経営の中心を移した。１９０２年時点で右近家は4隻の汽船を所有したが、いずれも大型汽船で合計総トン数は８２３０トンに上り、個人船主として日本有数の汽船船主となった（補章1を参照）。

なお、北海道では、汽船経営への転換後も右近

右近家廻船の絵馬

（磯前神社所蔵、『海への祈り』河野村産業観光課、1991年、39頁）

家の漁業経営は継続され、1920年代に右近家は小樽隣接の高島郡で5ケ統、小樽市域で1ケ統の鯡定置網場を所有していた。ただし、そこでの漁獲高は不安定で、1920年代には右近家経営のなかで北海道経営の占める比重は小さかった。しかし1930年代も右近家は北海道漁場を所有し続け、同家の北海道経営に残る家業意識が垣間みられた。

一方、敦賀の大和田荘七家は、1850年代に北前船主になったと推定される新興の北前船主で、藩からの御用金負担額は少なく、買積経営で得た商業的蓄積をほとんど失うことなく明治維新を迎えることができた。実際、大和田荘七家は1860年代にすでに和船所有数を4隻程度に増大させたと推定され、90年代以降の敦賀の「企業勃興」の担い手となった。すなわち、大和田荘七は1892年に資本金10万円を全額出資して大和田銀行を設立し、大和田銀行はその後越前地域の輸出向け絹織物業者への金融を拡大して地域経済の発展に寄与した。大和田荘七家は、銀行業以外にも1900年に敦賀貿易汽船会社を設立して貿易業へ進出するとともに、北海道で硫黄鉱山を借り受け、北海道留萌で買収した炭鉱も併せて08年に大和田炭礦会社を設立し、留萌炭鉱の鉱区を約181万坪まで拡大した（『敦賀市史』通史編上下巻）。

このように大和田荘七家は、北海道でも有数の炭鉱主となるとともに、大和田銀行も支店網を福井県下以外に大阪・金沢へ広げ、福井県を代表する企業家となった。

5　近代北海道と福井県

越前・若狭地域と北海道のつながりは、敦賀を拠点とする物流が中心であった。明治時代にも日本海の定期汽船網が敦賀を寄港地として整備されたことで、そうした物流面の北海道と福井県の強いつながりは継続した。そればかりではなく明治時代には、右近家の漁場所有に見られるような漁業での関係、大和田家の鉱山所有に見られるような鉱業での関係が新たに強まり、より多面的に北海道と福井県の関係が作られた。とはいえ、福井県は富山県ほど米作が発達したわけではなく、1890年代以降は絹織物業が発達したため、北海道産魚肥の需要は伸びなかった。そのため拠点を北海道と大阪に移した河野の右近家や中村家を除き、江戸時代以来の主要北前船主はいずれも1880年代に海運経営から撤退した。そのなかで江戸時代は経営規模が相対的に小さかったため、御用金負担が少なくて幕末維新期に急速に経営規模を拡大した三国の森田家や敦賀の大和田家が個人銀行を設立した。ただし両家ともに銀行設立に止まり、富山県のように北前船主が近代的紡績会社や人造肥料会社を直接設立するには至らなかった。

第7章　北近畿地方の北前船主

1　北近畿地方の主要北前船主

北前船主の出身地を北陸地方のみに限るべきでないとした柚木学氏は、買積経営によって得られた利潤がどのような部門に投資されていったかをもとに北前船主を四つのタイプに分類した（柚木學『近世海運史の研究』）。一つめが、和船を蒸気船に転換し、近代的船主となったタイプで、北陸の五大北前船主と呼ばれた家のうち馬場道久家・大家七平家・廣海二三郎家・右近権左衛門家がその典型例とされた。二つめが、海運業は和船でもって終わり、以後は主要な港湾都市に定住して問屋商人となっていくタイプで、大阪に廻船問屋を構えた能登国の西村忠兵衛家がその典型例とされた。三つめが、海運業で蓄積された資本を海運経営の拡大のために再投資せず、むしろ居所周辺の土地・山林に投資して、地主となっていくタイプで、兵庫県北部の但馬国の北前船主がその典型例とされた。そして最後が、遠洋漁業型で、買積経営の衰退とともに、その蓄積した資本で新たに近代的漁業部門に投資し、北洋漁業などへ進出するタイプで、富山県の北前船主がその典型例とされた。

このうち地主になったタイプは、但馬国の北前船主に止まらず、東北地方や新潟県でも見られたが、

表Ⅱ-22　丹後・但馬地域の主要北前船主

船数の単位：隻

船主	出身	帆船所有期間	最多所有船数	他業種への展開
三上勘兵衛	丹後宮津	1850年代〜90年代	2(1860年代)	酒造業、宮津銀行取締役
小室徳蔵	丹後岩滝	1810年代〜70年頃	6(1860年代)	生糸・縮緬問屋
糸井勘助	丹後岩滝	1830年代〜90年代	3(1870年代)	地主、生糸・縮緬問屋
瀧田清兵衛	但馬豊岡	1850年代〜90年頃	5(1864年頃)	新栄銀行行主、豊岡貯金銀行頭取、山陰物産取締役
船戸治郎左衛門	但馬竹野	1800年代〜81年頃	2(1820年代)	
米田甚三郎	但馬竹野	1840年代〜80年代	2(1864年頃)	地主
宮下仙五郎	但馬安木	1862年〜90年代	3(1870年代)	地主、美含銀行頭取、山陰物産取締役
吉津太六	但馬柴山	1810年代〜90年代	4(1873年頃)	
高山治左衛門	但馬諸寄	1886年頃〜98年頃	3(1894年頃)	

（出所）　前掲柚木学編『諸国御客船帳』（下）、前掲中西聡『海の富豪の資本主義』、柚木學『近世海運史の研究』法政大学出版局、1979年、真下八雄「幕末・明治前期における丹後海運業について」（福井県立図書館・福井県郷土誌懇談会編『日本海海運史の研究』福井県郷土誌懇談会、1967年）より作成。

（注）　船舶所有期間、最多所有船数は、「客船帳」より推定。最多所有船数欄の括弧内はその時期。他業種への展開欄の主要北前船主として、最多所有船数が2隻以上でなおかつ北海道へ進出したと推定されるものを示した。会社役員は、由井常俊・浅野俊光編『日本諸会社役員録』全16巻、柏書房、1988・1989年より。

北近畿（丹後国・但馬国）の北前船が、他地域の北前船とどのように異なるかに留意して、北近畿地方の北前船主の経営展開を見てみたい。

表Ⅱ-22を見よう。北近畿の帆船船主のうち北海道へ進出したと推定される船主で、複数の帆船を所有していた船主は9軒確認できた。丹後国では、宮津や岩滝など宮津湾内の湊に拠点を置く北前船主が北海道へ進出した。彼らの特徴は、丹後地域が縮緬産地であったため、そこへの原料糸や製品を扱った問屋がその蓄積をもとに廻船業へ進出した事例が多かったことである。特に小室家・糸井家などの岩滝商人は、廻船業に展開することで縮緬生産の原料糸を直接東北地方から移入し、京都問屋の支配から脱することに成功した。その結果、小室家は、全国の北前船主のなかでもかなり船の所有数の多い船主に成長した。

同じ宮津湾内の湊でも、岩滝と異なり宮津は宮津藩

北前船主が奉納した船絵馬（兵庫県豊岡市）

（神戸大学海事博物館所蔵）

城下の湊であり、三上家など藩御用を担う船主が成長した。そして三上家は、近代に入ると所有船の近代化を進めて西洋型帆船で北海道交易を行い、主に瀬戸内産塩と北海道産魚肥を扱うようになった。

一方但馬国では、豊岡から安木にかけての東但馬地域で有力な北前船主を輩出した。確かに東但馬地域の有力船主には地元で土地投資を行ったものが多く、所有船数が不明のため表には挙がっていないが、諸寄の藤田治左衛門家なども幕末期に中型和船を所有して遠隔地間交易に乗り出し、蓄積した資本で土地を次々と購入し、1885（明治18）年時点で約35町歩を所有する但馬地域有数の地主となった。そしてこれらの船主のなかには、豊岡の瀧田家、安木の宮下家のように、金融業へ展開して銀行を設立したものも存在していた。以下、その瀧田家と宮下家を取り上げて、但馬国の北前船主の概観をつかみたい。

2 豊岡の銀行家・瀧田清兵衛家

津山屋瀧田家（津居山屋とも称した）は、但馬国東端の豊岡藩の城下で廻船問屋兼北前船主となったが、史料上で問屋仲間の一員として登場したのは最幕末期で、船主として成長したのは１８６０年代以降であった。そのため、藩から多額の御用金調達を命ぜられた形跡はなく、経営の自立性はある程度保てたと考えられる。越後国出雲崎湊と石見国浜田湊の「客船帳」からみた瀧田家廻船の活動状況からみて、１８６０年代の瀧田家廻船は、畿内・瀬戸内から北陸・北海道方面への下りでは主に、瀬戸内・畿内で塩・砂糖を購入し、米子で綿を購入し、それらを越後・東北へ運んで販売し、逆の登りでは主に、秋田・庄内で米を購入し、それを瀬戸内・畿内へ運んで販売したと考えられる。明治時代は、下り荷で綿の取扱が減少し、塩が大部分となったことから、北海道産海産物の加工原料の塩を北海道へ運んで販売し、北海道産物を瀬戸内・畿内へ運んで販売するようになったと推定される。

瀧田家は明治時代も積極的に北前船経営を展開し、１８８９（明治22）年時点でも和船４隻を所有していた。山陰地方では、明治時代に鉄道の開通が遅れ、大型定期汽船航路の寄港地も、境など島根半島に限られていたため、明治時代に帆船輸送が発展したと考えられ、瀧田家も１８９０年前後まで北前船経営を展開し、その商業的蓄積を土地取得と銀行設立へ向けた。１８９８年時点での瀧田家の所有地価は約２万８０００円に上り、１９２４（大正13）年時点では62町９反の土地を所有していた。

瀧田家は豊岡町に居住したため、取得した土地は田畑のみでなく貸家経営を行うための宅地も多かったと考えられ、1924年時点の瀧田家所得内訳で、田畑所得が9526円に対し、貸家所得も8976円に上った。

瀧田家は1878年に貸金会社として新栄社を設立し、その目的は、瀧田家の「財産永世維持ノ法」として「金銭貸付ノ一社」を起こすとあり、社員は瀧田家の分家・親族など当初27名であった（『豊岡市史』下巻）。社員は入社献金として10円以上を出資し、預金は社員とその家族のものが原則となっており、一般から預からない方針とされ、貸金による利益は主に耕地買入代金にあてられ、買い入れた耕地の作徳米が「社員保護料」として出資額に応じて分配された。この時点では、瀧田家に地域振興の志向は弱く、家業・家産志向性が強く見られ、家産維持・運用機関として新栄社は位置づけられた。その意味で、前述の瀧田家の土地取得と新栄社の設立は密接に関連していた。

しかし、松方デフレ後の本格的企業勃興期になると、新栄社も社会的資金を受け入れ始め、1893年に資本金2万7000円の合資会社に再編され、96年に新栄銀行と改称し、1911年に資本金20万円の株式会社となった。表Ⅱ-23を見よう。瀧田家は新栄銀行以外に、豊岡銀行と豊岡貯金銀行の経営にも携わり、豊岡銀行は1887年に豊岡で最初に設立された本格的銀行（資本金10万円）で、瀧田家もその設立に関与した。豊岡貯金銀行は1893年の貯蓄銀行条例公布に基づき、零細な資金を動員する必要から設立され、1912年に新栄銀行と合併してその貯金部となった。その

表Ⅱ-23　瀧田家会社役員の推移

資本金の単位：万円

会社名	資本金	1897年	1902年	1907年	1912年	1917年	1922年	1926年	1931年
新栄銀行	20.0	行主	行主	行主	頭取	頭取	頭取	頭取	
豊岡貯金銀行		副頭取1)	頭取	頭取			但馬合同銀行		取締役
山陰物産		取締役1)			浜坂銀行(12.5)		取締役	取締役	
豊岡銀行	62.5		監査役			取締役	取締役	取締役	
豊岡電気	362.8				取締役	取締役	取締役2)		
但馬貯蓄銀行	12.5						頭取	頭取	頭取

（出所）　前掲中西聡『海の富豪の資本主義』269頁の表5-16より作成。

（注）　家族の複数が同一会社の役員になっていた場合は、そのうちより重要な役職に就いた役職で代表させた。会社の所在は、浜坂銀行（所在浜坂）以外はすべて豊岡。資本金は1922年初頭の払込資本金額。浜坂銀行の後のかっこ内は1922年初頭の払込資本金額。役職の無印は瀧田家当主清兵衛。1902年以降は真市が清兵衛を襲名したと考えられる。

1)真市（資料では熊一と記載）として。2)三丹電気として。

後、１９２１年の貯蓄銀行条例の改正とともに、新栄銀行貯金部を独立させる形で資本金50万円の但馬貯蓄銀行が設立され、瀧田家が頭取を務めた。

銀行業以外では、１９１０年に瀧田家など豊岡町の有力者が発起人となり、豊岡電気会社を設立し、豊岡電気は17年に京都府の両丹電気会社と合併して三丹電気会社と改称し、資本金１００万円となり、瀧田家も同社の取締役となった。ただし、三丹電気は１９２０年恐慌で打撃を受けて22年に東京の帝国電燈に買収されており、豊岡地域では銀行以外の大規模会社の存続は困難であった。実際、豊岡町が属した城崎郡で、１９２２年初頭に払込資本金10万円以上の株式会社（銀行を含む）は10社存在したが、そのうち８社が銀行で、残りが三丹電気と城崎温泉土地建物会社であり、瀧田家の地域経済との関係は、銀行業にほぼ限定された。

3 但馬の山林地主・宮下仙五郎家の北前船経営

但馬国安木の宮下仙五郎は、当初は船乗りを務めて資金を蓄え、1862（文久2）年に300石積帆船を購入して船主となった。その後海難に遭いながらも、次第に所有船の大型化を進め、1870年代には500~700石積の和船を3隻所有していた。宮下家は、これらの廻船経営から上がった利益を土地取得に投入し、1882（明治15）年には田畑合計10町歩余を所有するに至った。その後田畑のみでなく、山林所有、植林事業にも着手し、1910年前後には300町歩、16（大正5）年には券面500町歩の山林を所有するに至った（津川正幸『近世日本海運の諸問題』）。さらに宮下家は、金融業も兼業しており地元美含郡・城崎郡内に金銭貸付を行っていたが、「金融の業は個人の営む所にあらず」との考えにより、宮下家当主仙五郎が創立委員長となって1897年に美含銀行が設立された。そして宮下仙五郎が同行頭取となるとともに、宮下家は持っていた金融債権をすべて美含銀行に差し出した。

こうした事業拡張の源泉は、廻船経営にあり、多くの北前船主が海運業を撤退した以降の1900年代でも宮下家はかなりの船舶収益を上げていた。因みに、1905年には土地収益が4037円に対して、船舶収益は8351円を上げ、08年でも土地収益・船舶収益ともにそれぞれ5095円を上げた。もっとも1905年に所有和船が破船した後は、船舶収益は減少しており、11年を最後に廻船

表Ⅱ-24　宮下家廻船運航状況

年	船名	航路(寄港地)	主要取扱品
1903	明神丸	[寿都]→柏崎→加茂→[福山]→加茂 (一部不明)	三田尻塩、唐米、昆布 半紙、砂糖、空缶
1903	明宝丸	博多→佐渡小木→加茂→象潟 →[江差]→越後→象潟→本荘 →[江差]→隠岐西郷→石見長浜 →石見浜田→長門須佐→越ケ浜 →下関→室積→尾道	但馬木材、大島玉砂糖 三田尻塩、庄内白米 半紙、空缶、昆布、数の子
1905	明生丸	但馬→佐渡小木→象潟→本荘 →加茂→[岩内]→(不明)→本荘	加茂白米、三田尻塩 空缶、白砂糖、石見半紙

(出所)　津川正幸『近世日本海運の諸問題』関西大学出版部、1998年、200-207頁の第５～７表より作成。
(注)　主要取扱品として取扱金額の多いものを選んだ。[　] 内は北海道の寄港地。

経営からは撤退した。その後は地主経営を主として、１９１０年代～20年代前半にも土地収益で年間５０００円前後を上げ続けたが、22年以降は小作人に徐々に田畑を譲渡して耕地所有面積を減らし、山林経営を中心に行うことになった。

表Ⅱ-24は、廻船経営末期の宮下家廻船の活動を示したものである。この時期でも宮下家は帆船３隻を所有していたと考えられるが、北陸地方の北前船主とはかなり異なる航路を辿っていた。すなわち、北海道まで赴いていたが、当時（20世紀初頭）の日本海海運の拠点で定期汽船航路の寄港地であった敦賀・伏木・新潟・酒田・函館・小樽などには寄港せず、北海道では、岩内・寿都、東北では、本荘・象潟・加茂、山陰では、隠岐・浜田・須佐など比較的中規模な港湾を結んでいた。しかも、北陸地方にはほとんど寄港せずに、佐渡島を中継地として直接山陰地方と北海道・東北地方を結んでいた。その積荷も、北陸地方の北前船が北海道産魚肥を主に運んだのに対し、宮下家廻船は、北海道方面への下り荷では、瀬戸内産塩や島根県産半紙などを、北海道・東北から山陰方面への登り荷では、北海道産の昆布・数の子や東北産の米を主に扱っていた。

4　北近畿地方の北前船の特徴

北近畿地域の船主の北前船経営を見ると、北陸地方の北前船の動きとかなり異なる点が見られる。すなわち、北陸地方の北前船が、主に北海道と瀬戸内・畿内を結び、瀬戸内で買い入れた塩を北海道へ運んで販売し、北海道で買い入れた魚肥を瀬戸内・畿内へ運んで販売したのに対し、北近畿の北前船は、瀬戸内の塩と山陰地方の綿・鉄・半紙を主に東北地方・新潟県に運んで販売し、東北産米を買い入れて北近畿・山陰地方へ運んで販売した。

むろん、三上家のように北海道と瀬戸内・大阪を往復して、北海道産魚肥と瀬戸内産塩を専ら扱い、北陸地方の北前船と同様の動きを示した船主もいたが少数で、多くの船主は瀬戸内海の上方よりにはあまり入り込まず、東北日本海沿岸と山陰沿岸を結んで何度も往復した。そして北海道へ進出した船も、昆布・数の子などの食用海産物を買い入れ、魚肥はほとんど扱っていなかった。それは、地元北近畿・山陰地方の農業であまり北海道産魚肥が使用されず、むしろ北近畿は縮緬業や山林業、山陰地方は鉱山業など、飯米需要が多い伝統産業が存在しており、もともと米の需要が多かったため、魚肥よりも東北産米が北海道・東北地方から北近畿・山陰地方への積荷として選好されたと考えられる。

第8章　山陰地方の北前船主

1　近代における山陰地方の海運網

東北地方から北陸地方までの北前船主の多くは、近代に入り、汽船定期航路が整備されて地域間価格差が縮小するとともに北前船経営から撤退していった。しかし、汽船定期航路網の整備は、同時に定期汽船の寄港地とその周辺の港を結ぶ地域内あるいは地域間の海運市場を各地に創出し、そうした地域内・地域間輸送を担う帆船輸送の活動領域を広げることとなった。特に、山陰地方では鉄道網の整備が1910年代まで遅れたため、定期汽船寄港地と沿岸諸港を結ぶ地域内海運が発達し、北陸地方の帆船業者の山陰地方への進出や、山陰地方に拠点を置く新たな帆船船主の登場が広範にみられた。

その場合、明治時代に帆船船主となった山陰地方の船主は、汽船より船体価格が安く、和船より安全で船体規模が一回り大きい割に新造費用が割安などの特性を活かして西洋型帆船を新たに購入して海運業へ進出した。ただし、こうした新興帆船の活動は、東北地方から北陸地方までの北前船の活動とは全く異なるものであった。

表Ⅱ-25　北海道に渡った山陰の和船

入津年月日	船主	出身	船名	積荷・航路
①越後国出雲崎湊泊屋客船帳				
1871・8・4	松谷屋五郎兵衛	因幡浦佐	(21反)	数の子140本、身欠120本
1876・6・21	山城屋善吉	石見和江	大吉丸(16反)	差細身欠650本
②石見国浜田湊清水家所蔵客船帳				
1851・8・26	長田屋嘉助	長門下関	清長丸	松前登入津
1861・7・8	大仲屋徳兵衛	長門須佐	金毘羅丸	松前登入津
1864・4・28	川西屋喜四郎	伯耆境	三社丸	登入津、三石昆布御売
1879・8・12	有山治兵衛	長門下関	住栄丸	松前登入津
1879・9・7	早川正右衛門	長門通い	灘吉丸	松前登入津

(出所)　出雲崎町教育委員会編『出雲崎町史』海運資料集（3）、出雲崎町、1997年、前掲柚木学編『諸国御客船帳』（上・下）より作成。

(注)　出雲崎湊の客船帳では、積荷より北海道から来たと考えられる船を、浜田湊の客船帳では、航路と積荷より北海道から来たと考えられる船をそれぞれ示した。船名欄のかっこ内は船の帆の反数で船の大きさに対応する。

2　北海道に渡った山陰廻船

新興帆船の活動を検討する前に、江戸時代の山陰船主の存在を確認しておく。表Ⅱ-25で、越後国出雲崎湊と石見国浜田湊の「客船帳」より、所有帆船が北海道に渡ったと推定される山陰の船主を示した。北陸地方に比べて非常に少なく、山陰地方の北前船主は数軒しか確認できなかった。

このうち1861（文久元）年7月8日に北海道からの航海で石見国浜田湊に入津した金毘羅丸の船主の大仲屋は、長門国の江崎湊の商人田村家であり、江崎の本店のほかに石見国西部にいくつかの出店を構えて盛んに新潟県との交易を行っていた。実際、越後国出雲崎湊の泊屋の「客船帳」には、1851～60（嘉永4～万延元）年の10年間に大仲屋の船の入津が23回見られた。大仲屋は、1850年代に3隻の和船を所有していたと推定され、山陰地方の北前船主としてはかなり規模は大きかったと考えられる。

出雲崎湊に入津した大仲屋廻船は、主に蠟・塩・鉄・半紙などを運んでいたが、蠟・半紙は江崎湊周辺諸藩の萩藩・浜田藩領域の有力な特産物で藩専売制のもとに置かれていた。大仲屋田村家は、1772（明和9）年に浜田藩の「御勝手方御内用」となり、こうした藩御用商人としての地位が、大仲屋の遠隔地交易にプラスに働いたと考えられる。そしてこの時大仲屋とともに浜田藩の「御勝手方御内用」になったのが、大黒屋大谷家であった。

3 大黒屋大谷家の廻船経営

長門国下田万の商人であった大黒屋大谷家は、1760（宝暦10）年に小型廻船を新造して海運業に乗り出した。それ以前から大谷家は領主への御用金負担などを通して大谷姓を名乗ることを許されるなど、領主経済との関わりは深かったが、前述のように1772（明和9）年には隣国石見の浜田藩の「御勝手方御内用」となり、その活動範囲が長門・石見にまたがるとともに、地元の湊町江崎で酒造業を行うなど経営の多角化を進めた（木部和昭「長門・石見の廻船と地域社会」）。

大谷家が所有船による遠隔地間交易に乗り出したのは幕末期と考えられ、大谷家文書として残されている仕切状もそのほとんどが1850年代・60年代のものである。それらより大谷家廻船の取引相手と取引商品を示したのが表Ⅱ-26である。この表より大谷家の取引相手を地域別に見ると、秋田

表Ⅱ-26　大黒屋大谷家廻船の取引相手と取引商品

取引相手	所在	廻船の販売品	廻船の買入品
間杉五郎八	秋田	半紙・蠟	材木・米
能登屋藤四郎	羽後本荘	蠟・半紙・鉄・塩・木綿	米・菜種・大豆
加藤出店安宅屋	羽後石之脇	鉄	米
最上屋市右衛門	羽後石之脇	鉄	米
玉木屋治郎吉	羽前酒田	半紙・蠟・塩・鉄	米
新屋九兵衛	羽前酒田		米
金間徳兵衛	羽前酒田	半紙	
内匠屋七左衛門	羽前酒田	塩	米
秋野権右衛門	羽前加茂	蠟・半紙・塩	
金文蔵	出羽	半紙・蠟・鉄	米
石見屋・越中屋	佐渡小木	半紙・蠟・鉄	
浜屋治郎兵衛	佐渡二見	半紙	
小熊屋春五郎	新潟	半紙・蠟・鉄	材木
高橋治郎左衛門	新潟	塩・木綿	米・大豆
出雲崎屋伝七	新潟	半紙・蠟・苧	
加賀屋喜八	新潟	蠟	
紙屋吉郎右衛門	越前三国	半紙	
杉津屋孫左衛門	越前敦賀	半紙	
新屋直三郎	伯耆上道		鉄・木綿
寅屋嘉右衛門	隠岐島前	米	
加賀屋藤左衛門	石見温泉津	米	
海士屋六右衛門	石見浜田	米	半紙
河内屋秀八	石見浜田	大豆	
泉屋助次郎	石見高津	米・菜種	
中村屋仲蔵・市五郎	長門江崎	米・塩・木綿・大豆	半紙・鉄
角屋利兵衛	長門江崎	米	
福谷屋季蔵	長門江崎	木綿	
鈴川屋九兵衛	長門須佐	塩	
小野屋治右衛門	長門萩浜崎	塩・木綿・米	
油屋清助	長門赤間関	蠟・米・菜種・半紙・大豆	麦・塩・木綿・蠟・苧・大豆
和泉屋正兵衛	周防三田尻		塩
大黒屋勘兵衛	周防上関	米	木綿
山城屋勝治郎	周防小松	米	塩
近江屋彦五郎	周防青江		塩
宮津屋保右衛門	（瀬戸内）		塩
石見屋善右衛門	長崎	その他	

（出所）　木部和昭「長門・石見の廻船と地域社会」（原直史・大橋康二編『日本海域歴史大系』第５巻近世篇Ⅱ、清文堂出版、2006年）314頁の表３より作成。

（注）　取引相手が判明したもののみを示した。大黒屋大谷家文書の仕切状より、件数の多い順にそれぞれ販売品と買入品を示した。

県・山形県・新潟県といった北国地域と、島根県・山口県にかなり集中していた。そのうち、北国地域での販売品は、半紙・蠟・鉄が中心で、買入品は材木・米が中心であった。また、島根県・山口県域での販売品は、米が中心で、買入品は半紙・鉄・塩が中心であった。大谷家廻船は、登り荷として地元島根県産の半紙・鉄と山口県瀬戸内海側の塩を買い入れて、秋田県・山形県・新潟県に運んで販売した。また下り荷として秋田県・山形県・新潟県で主に米を買い入れて、島根県・山口県域の日本海側へ運んで販売していたと考えられる。

ただし興味深いのは赤間関（下関）の存在で、ここでは多様な商品の売買を大谷家廻船は行っていた。赤間関での大谷家廻船の取引先は油屋で、油屋と大谷家廻船は、大谷家廻船が赤間関ですぐに売却できなかった積荷を油屋に預け、油屋が代わりに相当額を「為替金」として融資し、この為替金が油屋に預けた積荷の販売代金で精算される仕組みの委託販売契約も行った。瀬戸内海と日本海の接点にあたる赤間関を交易拠点とすることで、大谷家廻船は、瀬戸内海を上方方面まで航海することなく、山陰―北国―赤間関の三角交易を行うことで、航海距離を短縮でき、年に複数回日本海を往復することができたといえる。

また山陰から北国方面への下り荷として大谷家が主に扱った半紙・蠟・鉄は、いずれも長門国・石見国の特産物で、それらは藩専売制のもとに置かれていた。それゆえ大谷家はそれらを扱うためにも領主経済との結びつきを強めていったと考えられる。そして地元石見地方の鉱山業が盛んであったことを受けて、地元の鉱夫への飯米需要に対応するために、大谷家廻船は北国方面で米を買い入れて地元で販売していた。長門・石見地域は飯米需要の大きな地域であったがゆえに、地域の廻船が特産物で交易を展開する場合に、安価で大量の米が入手できる出羽・越後地方へ進出することになった。

このように米を求めて北の海に進出した大谷家廻船は、北海道まで赴く必要はなかったが、北国米と地元産物を通じて、日本海沿岸の遠隔地間交易の活発化に貢献した。

4　朝鮮半島に渡った山陰廻船

そして山陰沿岸交易を行う西洋型帆船は、朝鮮半島との交易も行った。表Ⅱ-27を見よう。浜田港は1896（明治29）年に特別輸出入港に指定され、90年代後半以降に帆船船持商人が朝鮮と浜田港との貿易を担ったが、それはおもに鳥取県・島根県の船主であり、彼らは朝鮮半島南岸の釜山、西岸の仁川、東岸の元山と浜田を結び、朝鮮から米・大豆を運んで浜田で販売し、浜田で地元産の材木・焼物・瓦・竹を買い入れて朝鮮へ運んだ（中西聡「近世・近代の貿易」）。例えば、1897年の済州丸は、約1か月の期間で何回も朝鮮と浜田を往復し、1905〜06年の九重丸も、下関方面と浜田港との航海と朝鮮と浜田との航海を組み合わせて何回も往復した。

むろん国家間の貿易は、開港場を通してのこととなるため、日本海沿岸の帆船船主の活動範囲の拡大の背景には、1880年代から順次開港場が拡大され、90年代に日本海沿岸でも新潟・函館の他に、

表Ⅱ-27　1896～1907年島根県浜田港入港船による朝鮮国との交易

船名	船主	出身	入港年月日	出発・仕向地	浜田港での取引、前後の動き
*君ケ代丸	高瀬商店	静岡県清水	1896. 8. 15	朝鮮登入津	
*永徳丸	中田太郎吉	岡山県下津井	1896. 8. 15	朝鮮登入津	
*第一妙松丸	溝田松二郎	山口県下関	1897. 6. 15	朝鮮登入津	白米売、白炭積入、6. 22出帆
済州丸	大沢藤十郎	島根県刺鹿	1897. 7. 10	朝鮮登入津	大豆売、7. 17出帆
済州丸	大沢藤十郎	島根県刺鹿	1897. 8. 18	朝鮮登入津	白米・玄米売、8. 31出帆
済州丸	大沢藤十郎	島根県刺鹿	1897. 10. 10	朝鮮登入津	大豆売、10. 11出帆
日吉丸	三原吉三郎	島根県久手	1898. 1. 31	朝鮮登入津	大豆売、2. 3出帆
久昌丸	平井久吉	福井県小浜	1898. 9. 11	朝鮮行入津	9. 21出帆
*住幸丸	河合坂太郎	山口県安下ノ庄	1900. 3. 11	朝鮮登入津	鰺売、松板買、3. 25出帆
*宝盛丸	左海崎蔵	大阪市西区	1903. 6. 23	元山登入津	
*宝盛丸	広沢治一郎	鳥取県賀露	1904. 1. 1	朝鮮登入津	白米他売、焼物・瓦他買、1. 12出帆
*大永丸	渡部半次郎	鳥取県賀露	1904. 11. 28	朝鮮登入津	大豆売、瓦買、11. 22出帆
吉祥丸	吉田吉左衛門	石川県吉原釜屋	1905. 1. 2	韓国行入津	1. 15出帆、8. 5入津
*明神丸	中浜芳三郎	鳥取県青谷	1905. 4. 29	朝鮮行入津	5. 8出帆
*九重丸	岩田忠平	和歌山県池田	1905. 12. 24	元山登入津	11. 8下入津、11. 22出帆
*宝生丸	雲津安太郎	鳥取県賀露	1906. 4. 2	仁川登入津	大豆売、4. 5出帆
*九重丸	岩田忠平	和歌山県池田	1906. 4. 26	元山登入津	大豆売、3. 4下入津、瓦・竹買、3. 28出帆
*幸運丸	中村鶴蔵	鳥取県賀露	1906. 8. 14	元山行入津	8. 15出帆
*幸運丸	中村鶴蔵	鳥取県賀露	1906. 9. 19	仁川行入津	9. 20出帆
*幸運丸	中村鶴蔵	鳥取県賀露	1907. 6. 4	仁川行入津	焼物買、6. 5出帆

（出所）　前掲中西聡『海の富豪の資本主義』402頁の表終-4より作成。
（注）　島根県浜田の梶ケ瀬家所蔵の「客船帳」に記載された浜田港入港船のうち、朝鮮国を出発地とした船や朝鮮国へ向かう船を示した。船名欄の*は西洋型帆船、無印は和船。「朝鮮登入津」とは、朝鮮国を出発地とした浜田港への入港、「朝鮮行入津」とは、朝鮮を目的地とする船の浜田港への入港、「下入津」とは、瀬戸内方面すら来た船の浜田港への入港をそれぞれ示す。

新たに小樽・伏木・敦賀・宮津・境・浜田が開港場となったことがある。また貿易量全体では、日本海対岸との貿易でも汽船定期航路によるものが大部分を占めていた。しかし不特定多数の荷主と輸送品を相手とする汽船定期航路や鉄道等の輸送網の定着には、ある程度まとまった輸送品が恒常的に存在することが必要で、輸送量がそこまでいかない段階では、取引相手と積荷をある程度限定し、代わりにより高い利益率を追求する買積経営が経済合理的な場合もあった。実際、鉄道網が未発達な19世紀末の山陰地方では、新たな船主は、汽船運賃積経営より西洋型帆船による買積経営を志向した。

山がちの自然条件から山陰地方は、出雲平野を除き耕地に恵まれているとはいえず、石見国の鉄、米子地域の綿、石見国の半紙、山陰全体の蠟と、比較的多様な特産物生産が行われており、そのための飯米需要が存在していた。それゆえ、他地域から廻船が移入する品として北海道産魚肥よりもむしろ米が重要であった。

このような山陰地方の帆船船主の行動は、最初は日本海沿岸地域の特産物を扱いつつも、遠隔地間交易にこだわり、明治時代は最終的に地域間価格差がかなり残された北海道産物取引に集中していった北陸地方の北前船主とはかなり方向性が異なる。その意味で、北陸地方の帆船船主と山陰地方の帆船船主を同じく「北前船」の範疇で捉えることには問題が残る。とはいえ、北陸地方の北前船主の多くが20世紀初頭に北洋漁業に進出したことと、同じ20世紀初頭に山陰地方の帆船船主が朝鮮半島との貿易に進出したことにより、日本海沿岸の帆船船主の活動範囲は、この時期に文字どおりの「日本海」になったといえよう。

第Ⅲ部　北前船と取引した瀬戸内・畿内の廻船問屋

第1章　瀬戸内地方の廻船問屋

1　明治時代前期の瀬戸内地方の主要港

第Ⅲ部では、日本海沿岸地域に拠点を持った北前船主の船が瀬戸内海ではどのような活動をしていたかを、北前船と取引した瀬戸内・畿内地方の廻船問屋の史料から見ていきたいと思う。その場合、廻船問屋にとって北前船との取引で日本海から運ばれた上り荷が重要であったので、まず移入額からみた明治時代前期の瀬戸内地方の主要港を示したい。表Ⅲ-1を見よう。日本海と瀬戸内海との出入口にあった下関港と大阪湾岸地域を除いた瀬戸内地方の主要港として、1880（明治13）年前後には、兵庫県では高砂港・飾磨港、広島県では尾道港・宇品港、徳島県では撫養港・徳島港が挙げられた。岡山県域・香川県域・愛媛県域では、1880年前後にはまだ大きな港湾は存在しておらず、84年に設立された大阪商船会社が瀬戸内海に定期汽船網を開いてから、その寄港地となった香川県高松

表Ⅲ－1　1880年（前後）の瀬戸内主要港移入額
（大阪湾岸・下関を除く）　単位：千円

港湾名	総額	主要品	北海道
高砂	1,885	肥料・藍玉	
飾磨	1,234	鯡〆粕・牛皮	505
網干	222	干鰯・砂糖	
洲本	316	米・酒	
岡山	888	呉服・小間物	38
玉島	688	鯡〆粕・羽鯡	516
寄島	158	鯡〆粕・羽鯡	122
鞆	548	鯡〆粕・米	223
尾道	2,643	米・白砂糖	247
糸崎	229	鯡〆粕・煙草	120
御手洗	114	米・酒	1
宇品	1,531	米・木綿	68
徳島	2,973	米・鯡〆粕	794
撫養	4,325	鯡〆粕・米	2,189
高松		鯡〆粕	170
坂出	404	鯡〆粕・石炭	153
丸亀	189	酒・鯡〆粕	17
多度津	201	鯡〆粕・干鰯	65
今治	164		

（出所）「西南諸港報告書」「府県統計書２」（商品流通史研究会編『近代日本商品流通史資料』第２・４巻、日本経済評論社、1978・79年）より作成。
（注）移入総額が10万円以上の瀬戸内地域の港を挙げた。主要品欄は、多い順に示し、北海道欄は北海道よりの移入額。高砂・網干・洲本は1882年、坂出・今治は1879年の数値。高砂～洲本までは兵庫県、岡山～寄島までは岡山県、鞆～宇品までは広島県、徳島～撫養までは徳島県、高松～多度津までは香川県、今治は愛媛県。

港・多度津港、愛媛県今治港・三津浜港などが成長した。移入品の内訳を見てみると、多くの港湾で北海道産魚肥（鯡〆粕・羽鯡）が多く移入されており、特に徳島県撫養《むや》港は、総移入額も瀬戸内主要港で最大であったが、そのうち過半数が北海道からの移入であった。岡山県玉島港も移入の大部分が北海道からの移入を占め、北海道産魚肥の代表的移入港となった（中西聡『旅文化と物流』）。

それに対し、岡山港・尾道港・徳島港など、米や呉服などの生活必需品を主に移入した港もあり、これらの港では相対的に北海道とのつながりは弱かったといえる。本章では、北海道とのつながりの比較的強かった広島県鞆港と徳島県撫養港の廻船問屋を取り上げて、どのような北前船主と取引していたかを見ることにしたい。

2　広島県鞆港の廻船問屋——片山万右衛門家

鞆港の商人沢村猪平の絵馬

（北前船の里資料館所蔵、『北前船とその時代』
福山市鞆の浦歴史民俗資料館、2004年、15頁）

広島県鞆港は、古代から潮待ちの港として利用されており、戦国時代には織田信長に追われた将軍足利義昭が鞆に来住した時期もあるなど、瀬戸内海の海上交通の要衝であった。江戸時代の鞆湊は、備後国福山藩城下の外湊として栄え、現在は福山市に含まれ、福山市街から15キロメートルほど南にある。鞆港の後背地は広島県でもかなり生産性の高い棉作地域であり、鞆港では鍛冶業が盛んであった。主要移入品は、米・大豆、後背地向けの鯡魚肥や鍛冶業の原料となる洋鉄で、主要移出品は繰綿や鉄製品であった。

鞆港で北海産荷受問屋として活躍した大坂屋（片山）万右衛門家を取り上げる。片山家は、幕末・維新期に和船を所有して買積経営を行い、例えば新潟

表Ⅲ-2　片山家取引船主出身地別取引額一覧

軒数・金額の単位：軒・円

年	北海道		佐渡		越後〜能登		加賀		越前・若狭		その他		合計	
	軒	金額	軒	金額	軒	金額	軒	金額	軒	金額	軒	金額	軒	金額
1877	1	4,479	3	7,832	13	24,947	6	13,725	2	6,953	5	6,861	30	64,788
1878	9	31,618	3	9,353	12	22,773	10	21,337	5	22,021	7	29,037	46	136,139
1879	3	10,302	6	15,878	17	50,340	9	28,484	9	24,927	12	21,574	56	151,505
1880	3	24,400	4	23,188	8	28,619	9	38,444	3	1,326	9	36,484	36	152,463
1881	4	22,838	1	1,908	6	5,439	7	34,028	3	5,799	3	5,895	24	75,909
1889	1	8,392	2	6,479			4	16,248	1	4,657	1	1,102	9	36,878
1890	1	795	3	2,761			3	26,932	1	4,606	2	4,824	10	39,917
1891	2	9,476	2	7,138	1	2,501	3	9,533	1	1,240	1	3,362	10	33,249
1892	3	2,820					5	20,039	1	780	2	4,910	11	28,549
1893			2	4,146			3	9,047			1	222	6	13,415
1894	2	3,192					3	16,603	1	1,275			6	21,070
1895	3	8,135			2	9,376	2	13,715			1	38	8	31,264
1896	2	7,098					1	10,609	2	12,507	1	1,048	6	31,262
1897	2	8,493	2	4,181			5	41,828			1	2,458	10	56,961
1898	1	3,228	1	730			1	6,651	1	8,443			4	19,052
1899	1	2,600	1	2,937			3	20,172					5	25,709
1900			1	544			5	20,349	1	8,133			7	29,026
1901	2	5,870					2	10,242					4	16,112
1902			1	1,191			1	21,525					2	22,716
1903							1	8,002					1	8,002

（出所）前掲中西聡『近世・近代日本の市場構造』285頁の第7-17表より作成。
（注）軒は取引船主数、出身地は史料上の記載に従って、旧国名で分類した。越後〜能登欄は越中も含む。

県出雲崎港の廻船問屋であった佐野家の「客船帳」には、近代初頭に片山家所有船の大悦丸が記録された（中西聡『近世・近代日本の市場構造』）。

片山家の北前船との取引商品は、越後・秋田米と北海道産の鯡魚肥が中心であり、5〜6月に米、8〜11月に鯡魚肥を主に取引した。取引相手の船主は、石川県・富山県の船主が多く、なかには1年間に北海道・北陸と瀬戸内の間を2往復して2回とも片山家と取引した船もあった。これらの船はいずれも和船の買積船で、片山家への販売数量からみて、特に鯡魚肥を積荷とした船のなかに、片山家に積荷をすべて販売したと考えられる船が多かった。

表Ⅲ-3　片山家長期継続取引者取引額一覧

単位：円

船主	加藤九吾	浜田嘉平治	永井伊三郎	寺嶋三右衛門	熊田勝栄	村上三郎右衛門	永瀧松太郎	熊田源太郎	熊田忠次郎	川上甚三郎	佐藤常吉	計
出身	加賀湊	佐渡宿根木	加賀美川	佐渡多田港	加賀湊	渡島江差	渡島江差	加賀湊	加賀湊	摂津大阪	佐渡宿根木	
1877	3,114	2,356	1,862	1,089	482							8,903
1878	1,396	1,046				8,551	5,037	849				16,879
1879	14,082	5,493		2,458	（八郎兵衛）	2,924	6,635					31,592
1880	8,973	7,609	1,516	9,084	3,886	13,632	8,130	5,313	4,044			62,187
1881	18,515	1,908	1,644			4,128	7,148	7,855	4,347			45,545
1889			2,360		3,110			7,516	3,262	1,102		17,350
1890	（九八郎）	澤口庄助		（政治）	1,689		795	16,058	9,185	4,558		32,285
1891	829	後志古宇		4,193	3,075		5,984	4,702		3,362	2,945	25,090
1892	344	72	沖本長太郎		4,976	木村与三吉	2,144	12,023		4,102		23,661
1893			加賀安宅	1,402	2,276	越前梶浦		4,640	2,131	222	2,743	13,414
1894		2,062	4,673			1,275	1,130	8,554	3,567			21,261
1895		587					2,169	8,775				11,531
1896		4,261				11,116	2,837	10,609				28,823
1897			10,057				3,850	33,553	783		2,181	50,424
1898						8,443	3,228	6,651			730	19,052
1899			6,848					12,183	1,142		2,937	23,110
1900			971			8,133		4,692			544	14,340
1901							5,300	8,294				13,594
1902								21,524			1,191	22,715
1903								8,002				8,002

（出所）　前掲中西聡『近世・近代日本の市場構造』287頁の第7-18表、および前掲中西聡『海の富豪の資本主義』248-249頁の表5-4より作成。

（注）　長期継続取引者として4ケ年以上取引実績があった者を選んだ。括弧内の名前は代替わりを示す。出身は史料上の記載に従って、旧国名で示した。欄の途中の枠内の上段は船主、下段は出身。

片山家と船との取引関係は1903（明治36）年まで判明するので、船主の出身地別に取引額の推移を表Ⅲ-2でまとめた。1870年代後半に大きな比重を占めた新潟県・富山県・石川県北部の船主との取引は、90年代以降ほとんどなくなり、90年代後半になると石川県南部・佐渡・北海道の船主との取引に限定された。そして取引額・取引船主数ともに1880年前後を頂点としてそれ以降減少した。特に1880年代前半の松方デフレ期に激しい減少が見られたが、90年代後半に北海道の鯡魚肥生産量が拡大したため一時的に取引額が増大した。

その後1900年代に入ると取引額はかなり減少し、04年以降の取引は片山家の史料では確認できなかったので、その頃に片山家は荷受問屋経営を止めたと考えられる。1880年代以降、全体として取引額は減少したものの、船主1人あたりの取引額は増大していたので、船の積荷すべてを片山家に販売した特定の取引相手との結びつきを強めていったと思われる。

そこで表Ⅲ-3で、それら長期継続取引相手との取引額を示した。1870年代後半は総取引額に占める長期継続取引相手の占める位置はそれほど高くなかったが、90年代は石川県湊の熊田一族、北海道江差の永瀧松太郎との結びつきが強まり、この両者で総取引額の過半を占め、1900年代には石川県湊の熊田源太郎との取引が大部分を占めた。

3　徳島県撫養港の廻船問屋―山西庄五郎家

徳島県撫養港は、瀬戸内海と大阪湾との出入口に位置し、現在は鳴門市に含まれ、江戸時代から徳島湊とならぶ徳島藩の主要湊であった。徳島藩の主要特産物は塩と藍であり、いずれも主に撫養湊から大坂や江戸へ運ばれて販売された。それゆえ撫養湊では廻船問屋が成長し、自ら船を所有するようにもなった（上村雅洋『近世日本海運史の研究』）。一方、撫養湊への主要移入品は、後背地農村で盛んであった藍作向けの魚肥であり、北海道産魚肥が主に移入された。

表Ⅲ-4　山西家取り扱い北海道産魚肥積船入津船主出身地別一覧

単位：回

年月	大坂	兵庫	畿内	阿淡	瀬戸内	越前	加賀	能越	越佐	松前	その他	計	期間
1842·10～43·11	1	11	9	7	1	5	4	1	4	1	1	45	約1年
1845·5～47·10	1	7	8	2	0	19	8	7	1	3	18	74	約2年半
1852·5～54·9	3	33	3	6	25	18	7	5	0	1	1	102	約2年半
1856·4～58·5	3	21	1	3	4	12	4	2	1	0	0	51	約2年
1858·10～63·4	12	0	0	4	4	29	58	13	1	0	8	129	約4年半
1865·7～66·5	2	0	0	0	2	23	11	1	0	1	1	41	約1年
1867·9～68·6	0	0	4	0	1	30	2	1	1	1	0	40	約1年
計	22	72	25	22	37	136	94	30	8	7	29	482	

（出所）　前掲中西聡『近世・近代日本の市場構造』140頁の第4-13表より作成。
（注）　出身地の畿内は大坂・兵庫を除く。阿淡は、阿波国・淡路国。瀬戸内は、讃岐・伊予・備前・備中・備後・周防・長門国の合計。能越は能登国・越中国。越佐は越後国・佐渡国。その他には不明分も含む。

撫養湊の廻船問屋山西庄五郎家が取り扱った北海道産魚肥積船を船主の出身地別に表Ⅲ-4で示した。撫養湊に入津した北海道産魚肥積船は、兵庫と越前国・加賀国の船主の船が多かった。ただし、兵庫の船主の船と越前国・加賀国の船主の船とは性格が異なっていたと思われる。すなわち、表Ⅲ-4で示した期間のうち1852（嘉永5）年5月～54年9月と56（安政3）年4月～58年5月は、入津船の乗組員数が判明するが、兵庫の船主の船の入津は54回のうち50回が2人乗の小型船であり、越前国・加賀国の船主の船の入津は41回のうち29回が10人乗以上の大型船であった。積荷の内容を比べると、前者は北海道産魚肥の外に油粕や雑品を混載していたのに対し、後者は北海道産魚肥のみを積んでいた。

つまり兵庫の船主の船は、畿内と瀬戸内を往復した小型船であり、兵庫・大坂にいったん集荷された各地の肥料を兵庫・大坂で積み入れて撫養湊に運んで販売したと考えられ、越前国・加賀国の船主の船は、畿内・瀬戸内から北海道まで往来した大型船であり、北海道で積み入れた魚肥を直接撫養に運んで販売したと考えられる。表Ⅲ‐4では、1854年までは兵庫・瀬戸内の船主の小型船が多かったが、54年以降は越前国・加賀国の船主の大型船が増えてその中心になった。北海道産魚肥は19世紀前半までは、いったん兵庫・大坂に移入されてそこから近隣の湊に再移出されていたが、19世紀後半になると越前国・加賀国の北前船主によって北海道から直接撫養湊にも魚肥が移入されるようになった。

このように最幕末期には、遠隔地間流通においても兵庫・大坂を通さない物流が拡大したが、取引決済では、山西家は大坂両替商の信用供与に頼っており、江戸への山西家の塩の販売代金が江戸から大坂への「登せ金」として大坂両替商にストックされ、山西家が撫養で北海道産魚肥を買い入れた際の取引相手の北前船への代金支払いが、大坂両替商宛の手形で行われた。北前船はそれをもって大坂へ行き、その手形で大坂で下り荷を購入したり、大坂の両替商に換銀してもらった。つまり江戸・大坂の両替商の商業金融機能を利用して、山西家と北前船との取引は円滑に進み、次章で触れるように、最幕末期には物資集散地としての地位が低下した大坂であったが、金融的な役割は依然として強かった（森本幾子『幕末・明治期の廻船経営と地域市場』）。

そこで19世紀後半に山西家がどのような北前船主と取引するようになったかを表Ⅲ‐5でまとめた。山西家自身も、1830年代には廻船を所有して、江戸・大坂・九州・日本海沿岸などと撫養を結ぶ廻船経営を行い、手船（自己所有船）で藍玉・砂糖・塩・米・肥料などを扱い、手船数を次第に増大させたが、表Ⅲ‐5には、山西家手船との取引は含めていない。なお、山西家は海運経営以外にも土

表Ⅲ-5　19世紀後半山西家北海産魚肥主要取引先別預り・買入額の動向

買入額の単位：1860～64年は両、82～85年は円

取引先	出身/年月	1860·7～61·6	1861·7～62·6	1862·7～63·6	1863·7～64·6	取引先	出身/年月	1882·7～83·6	1883·7～84·6	1884·7～85·6	1885·7～86·6
湊屋	越中六渡寺	3,346		1,199		右近権左衛門	越前河野	6,368	5,853		296
西出孫左衛門	加賀橋立	3,154	5,699	4,273	4,209	浜中八三郎	加賀塩屋	1,786	2,981	2,370	6,295
川端屋五三郎	加賀大野	2,657	1,561			森田三郎右衛門	越前三国	1,596		1,567	4,089
西谷庄八	加賀橋立	2,454	2,552	2,608	2,861	中村三之丞	越前河野	1,338	1,081	500	
上光六三郎	越前新保	1,179	1,269			岩田		1,272	1,600	621	401
福本市郎左衛門	近江川守	865			4,362	廣海二三郎	加賀瀬越	1,271	658	1,435	751
中嶋屋	能登穴水	835	1,221	1,743		増田又右衛門	加賀橋立	544	4,655	91	200
輪島屋与三兵衛	加賀宮越	594		3,067		西出孫右衛門	加賀橋立		4,811	581	1,906
室屋平右衛門	越前三国	384		1,413		㊥			2,083	2,469	736
小中屋与三郎	越前三国		2,932	1,897	4,869	西川貞二郎	近江八幡			975	1,860
室屋惣右衛門	越前三国		2,416	7,525	8,486	忠谷久五郎	加賀橋立				2,646
刀根小三郎	越前三国		2,390	2,575	2,702	吉田三郎右衛門	北海道福山				1,327
梶谷五三郎	加賀橋立		2,252			山本久右衛門	北海道福山				1,019
小西出源右衛門	加賀橋立		2,209			住谷治作	加賀橋立				971
新井権吉	加賀橋立		1,926	285		本根勘三郎					414
戸口屋久左衛門	越前三国		1,676								
時国友之助			1,143								
樋爪与之助			1,002								
津向屋嘉助	能登七尾			3,023							
糸屋八左衛門	加賀塩屋			2,481	2,964						
丸屋伝助	(加賀大野)			2,309							
三部長蔵	越前吉崎			1,906	598						
昆布屋伊兵衛				1,284	3,843						
酒谷彦八	越後今町			1,230		買入先船名のみの分		21,944	10,880	7,469	11,701

（出所）　前掲中西聡『海の富豪の資本主義』146頁の表補Ⅰ-2より作成。

（注）　山西家は、7月～翌年6月を1年度としていたので、その期間で預り・買入額を主要取引先別に示した。山西家は廻船問屋なので、廻船より積荷を預り、それを肥料商に販売して手数料を得る仲介取引の分と、廻船より積荷を買い取る分があったが、その両方を合わせた仕切金額を示した。1860～64年については、様々な商品の取引のうち、北海道・陸奥国産魚肥の分のみを選んで集計した。1882～86年の出所資料では、船名のみの記載もあり船主が不明の分を最下段に集計して示した。出身欄の前半は旧国名で、括弧内は推定。1860～64年は、1年度の買入額が1,000両以上の買入先について、表で示した期間について示した。

地を取得するとともに醤油醸造業など経営多角化を進め、明治時代に徳島県で上位の資産家であったと推定される。特に近代以降の山西家は、撫養本店に加えて徳島に支店を設けて手船の運航よりも廻船問屋としての活動を拡大して肥料を主に扱い、それとともに北前船との取引関係が強まった。

表Ⅲ-5によると、1860年代前半の最幕末期は、加賀国橋立や越前国三国の船主との取引が多かったが、福井県三国の船主の多くが松方デフレ期に海運業から撤退したなかで、80年代前半には石川県橋立の船主に加え、福井県河野の右近家との取引が増大した。彼らはいずれも北海道に拠点を置いており、北海道で漁業経営を行っていた西川家・吉田家・山本家などを併せて、1880年代前半の山西家は全体として北海道に拠点を置いた船主と専ら取引した。そして山西家の主要取引相手の右近家・浜中家・中村家・廣海家・増田家・西川家・忠谷家・山本家・住谷家は、いずれも1887(明治20)年に結成された北陸親議会に参加しており、山西家は阿波(徳島・撫養)の廻船問屋組合に入っていたので、北前船主の組合であった北陸親議会と、その北陸親議会の最大の取引相手であった大阪・兵庫・阿波の荷受問屋組合との交渉で決められた取引慣行のなかで、山西家は北陸親議会参加船主と取引を行ったと考えられる。そしてこうした集団間の取引関係により、撫養は明治時代に瀬戸内地方でも有数の北海道産魚肥移入港になったといえよう。

第2章　畿内地方の廻船問屋

1　松前問屋から北海産荷受問屋へ――大阪北海道産魚肥市場

本章では、大坂湾岸地域で北前船と取引した廻船問屋を取り上げる。まず大坂の動向を概観する。大坂では、1770（明和7）年に北海道産魚肥が銘柄として初相場に上がり、18世紀後半には北海道産魚肥も大坂市場で取引され始めたと考えられる。その後19世紀に入ると北海道産魚肥の移入量が増大したため、魚肥を中心とした北海道産物を専門に扱う荷受問屋が新しく登場し、東組松前問屋を結成した。北海道産魚肥の移入の増大とともに松前問屋の数は増え、1819（文政2）年に5軒にすぎなかったのが、41（天保12）年に15軒、69（明治2）年には24軒に増大した。1841年の株仲間解散令の下でも松前問屋は松前荷受屋と名称を改めるだけに止まり、大坂市場での肥料取引の内実には変化がなかった（「北海産荷受問屋組合沿革史」）。

そして1855（安政2）年に幕府が蝦夷地を直轄すると、57年に箱館産物会所を設けて北海道の流通統制に乗り出し、産物会所が集荷した北海道産物の本州での販売場所として江戸・大坂・兵庫に産物会所を設けた。大坂では松前問屋13軒はいずれも会所附仲買となり、産物会所が北海道産物を一

明治17年大阪の船主が奉納したと考えられる船絵馬
(神戸大学海事博物館所蔵)

手に取り扱うことになった。会所附仲買は会所取り扱い産物を扱えたが取扱高の３%の口銭を産物会所に上納しなくてはならなかった。当時問屋は、廻船業者から取扱高の６%の口銭を取得し、仲買に扱い品を販売する際に、その口銭の一部を渡していた。産物会所が設けられたことで、これまでの問屋・仲買を合わせた取り分の半分を産物会所に吸い上げられることになり、問屋・仲買は大きな打撃を受けた。この問屋・仲買の反発から１８６１(文久元)年に会所附仲買は廃止され、問屋・仲買ともにそれぞれ鑑札を下付されて営業することになった。こうしたなかで、北海道産魚肥が大坂へ移入される代表的な肥料となったのである。

１８６８年の明治維新で新政府になると再び箱館産物(生産)会所が復活し、大坂荷揚げ分の北海道産物はすべて箱館生産会所を通す決まりとなり、問屋・仲買ともにまたもや打撃を受けた。松前問屋は自由売買を再三要求し、１８６９年に会所仕入品の外は自由売買が認められた。ところが自由取引が認められたため多数の新興商人が独自の取引を行い始めて市場は混乱した。それに対し、江戸時代以来の大阪廻船問屋は、不正取引を排除する目的で、1873年に諸国荷受問屋組合を結成し、松前問屋もそれに加わった。しかし取扱荷ごとに商取引の慣行は異なり、諸国荷受問屋組合が統一した取引形態をとることは困難なため、結局1878年に北海道産物を扱う荷受問屋が組合を脱退して別に荷受問屋一番組（93年より北海産荷受問屋組合）を結成した。

こうして江戸時代の東組松前問屋を引き継ぐ形で荷受問屋一番組が結成され、北前船から北海道産物を引き受けて仲買商へ売りさばいた。表Ⅲ-6を見よう。1870年代後半に大阪港に移入された肥料を主に扱ったのは、金澤仁作・新保嘉三郎・久保新吉・木下武兵衛・千成社など荷受問屋一番組のメンバーであった。なお、栖原重蔵・藤野熊蔵は江戸時代に北海道の場所請負人であった栖原家・藤野家の大阪支店であり、全体として江戸時代以来の廻船問屋が明治時代前期も北前船との中心的な取引相手であり続けたといえる。特に藤野（近江屋）熊蔵家は、近世期から和船を所有しており、単なる荷受問屋の枠を超えた多様な活動を行っていた（坂野鉄也・堀井靖枝「藤野四郎兵衛家大坂店近江屋熊蔵の事業」）。

大阪では荷受問屋一番組から魚肥を購入する側の仲買商も仲間組織として肥物商仲間組合を結成し、1886年には荷受問屋一番組と肥物商仲間は、互いに約定を結んだ。その結果大阪市場では、荷受問屋一番組は肥料をすべて肥物商仲間に販売し、肥物商仲間も直接大阪に船で移入された北海道産肥

表Ⅲ-6　明治前期大阪港取り扱い人別肥料移入量

移入量・営業税額の単位：石、円

年月	1877.9〜78.8	1878.9〜79.8	1879.9〜80.8	1880.9〜81.5	98年頃営業税
金澤仁作	27,000	25,000	25,000		
栖原重蔵	17,000	17,000	20,000	23,000	
新保嘉三郎	17,000	15,000	22,000	17,300	○
筑紫藤吉	17,000	15,000	泉利兵衛	10,000	
今井清兵衛	16,000	10,000	14,000	17,000	
北海道産物商会	14,200	16,000	木村儀八	8,500	
藤野熊蔵	12,000	10,000	11,000		
島谷重次郎	10,000	7,000	6,500	7,000	
藤本太四郎	8,000		木谷市兵衛	7,500	
片山和助	6,000	8,500	8,000	7,000	18
蒲喜		15,000	三島組	6,000	
銕山社		11,000	伊勢長兵衛	3,800	
伊藤吉蔵		10,000		9,000	
木与		8,000	西忠	2,300	○
廣業商会			22,000	55,000	
久保新吉			20,000	20,000	77
賀茂喜三郎			14,000	3,800	
木下武兵衛			9,000	12,000	47
大三輪長兵衛			6,500	9,000	
雑候太兵衛			6,000	3,800	
千成社				19,800	
その他	40,800	47,500	44,500	49,200	
計	185,000	215,000	228,500	291,000	

（出所）「二府四県采覧報文」（商品流通史研究会編『近代日本商品流通史資料』第１巻、日本経済評論社、1979年）、前掲「西南諸港報告書」、明治31年「日本全国商工人名録」（渋谷隆一編『明治期日本全国資産家・地主資料集成』第１〜３巻、柏書房、1984年）より作成。

（注）98年頃は1898年頃を示す。営業税欄の○は存在したが金額表記がなかったもの。

料はすべて荷受問屋一番組を通して買い入れることとなった。北前船と荷受問屋との取引は、北前船が魚肥の肥料商への販売を荷受問屋に委託して積荷を預け、荷受問屋が肥料商と価格を取り決めて売買し、代金から手数料を差し引いて残りを北前船に渡す形で行われた。また荷受問屋が積荷を買い取って代金を北前船に支払い、肥料商に販売する場合もあった。

こうした北前船と荷受問屋との取引慣行は、北前船の組合であった北陸親議会と荷受問屋組合との交渉で決められ、大阪北海産荷受問屋組合は、北前船の主要な取引港であった兵庫・撫養・徳島の荷受問屋組合とも連携して北陸親議会との交渉にあたった。その交渉で決められた取引慣行を、北陸親議会は瀬戸内海各港の廻船問屋へも要求していったと思われ、大阪での取引慣行が、大阪湾や瀬戸内海全体の北前船と廻船問屋の基準となっていった。

2　摂津国兵庫港の廻船問屋

江戸時代後期に大坂に次いで代表的な北海道産魚肥の移入湊となった兵庫は、1769（明和6）年以降幕府領となり、諸国廻船と取引を行う諸問屋仲間が72（安永元）年に株立てされた。またそれら諸問屋から商品を買い入れたり販売したりする仲買も、扱う商品の種類別にそれぞれ株立てされ、干鰯《ほしか》仲買の株仲間も1772年に結成された。兵庫の干鰯仲買株仲間は、結成当初は15軒であったが、その後88（天明8）年頃には70軒に増大した（『神戸市史』別録1）。

兵庫湊が北海道海産物の移入湊として発展する契機となったのは、幕府による1799（寛政11）年からの第一次蝦夷地直轄であった。そして兵庫に本店を置く高田屋は、その頃箱館へ進出して幕府の蝦夷地定雇船頭となり、択捉への航路を開いた。高田屋は19世紀初頭に択捉・根室・幌泉場所を請け負い、運上金額でみた東蝦夷地（蝦夷地太平洋岸）最大の場所請負人となった（第I部第1章を参照）。高田屋は、請負場所産物を主に手船（自己所有船）で兵庫本店に運んで売りさばいたため、兵庫湊と北海道とのつながりは非常に強くなった。さらに兵庫湊の廻船問屋北風荘右衛門が幕府より蝦夷地産物売捌方に任命され、兵庫は大坂に匹敵する北海道産物の移入湊となった。

高田屋は、1831（天保2）年に密貿易の嫌疑をかけられて取り潰されたが、北風家などの努力で兵庫湊の繁栄は続いた。その背景には、大坂の北海道産物仲買商（大坂松前組仲買）に、大坂以外の地域の商人から北海道産物を買い入れることが黙認されていたことがあり、大坂松前問屋は、大坂松前組仲買に対して、北海道産物を大坂松前問屋から買い入れるように要請したが、大坂松前組仲買仲間は、大坂への北海道産物の移入が減少したのは、廻船業者が大坂松前問屋へ払う手数料が多いためと反論して、逆に大坂松前問屋の努力（手数料の引き下げ）を求めた。

このように兵庫湊の問屋・仲買と大坂湊の問屋は激しい競争を続けたが、1858（安政5）年に大坂とともに兵庫にも箱館産物会所が設けられると、兵庫の産物会所でも大坂と同様に手数料が多かったため、北前船は次第に会所のない湊で取引するようになった。そして従来兵庫・大坂から魚肥を移入していた播磨国・阿波国・和泉国の諸湊へも兵庫や大坂を経由せずに直接魚肥が運ばれた。前述の阿波国撫養湊や後述の和泉国貝塚湊がそのよい例である。

ただし、それにより兵庫湊・大坂湊への魚肥の移入がなくなったわけではなく、兵庫湊・大坂湊の廻船問屋も手数料の高さを埋め合わせるだけの高値で北前船から積荷を買い取ることで市場シェアを確保したと考えられ、全体として北海道産魚肥の生産量（積出量）が幕末期に増大したため、その増加分がより手数料の安い大坂周辺の諸湊に荷揚げされるに至った。

明治維新後に、兵庫でも問屋仲間と仲買仲間はいったん解散されたものの、大坂と同様に再建され再び、問屋仲間と仲買仲間が結成された。表Ⅲ-7を見よう。1870年代後半に兵庫港に移入された北海道産魚肥を主に扱ったのは、江戸時代以来の廻船問屋であった北風荘右衛門であった。ところが、1880年代・90年代に瀬戸内海の汽船網が整備されて取引形態が変容すると、担い手の交代が見られ、98（明治31）年時点では、網盛弥兵衛・喜多伊兵衛・藤本安兵衛・直木久兵衛らが代表的な廻船問屋として活躍するようになった。その一方、前述の撫養港の山西家や次節で述べる貝塚港の廣海家など兵庫・大坂周辺の諸湊では、江戸時代以来の廻船問屋が明治時代もその港の代表的廻船問屋として活躍し続けた。

表Ⅲ-7　明治前期兵庫港取り扱い人別肥料移入量

移入量・営業税額の単位：石、円

年月	1877.9～78.8	1878.9～79.4	1880.9～81.5	98年頃営業税
北風荘右衛門	41,000	39,000	33,400	
岩田正吉	36,000	32,000	34,300	
澤田清兵衛	12,000	7,000	5,200	
藤本安兵衛	11,000	10,000	7,700	81
喜多伊兵衛	10,500	8,000	12,300	131
太田市郎兵衛	6,000	5,000	3,000	
木下長右衛門	5,500	10,000	9,400	
山本弥兵衛	5,000	4,000	18,350	
柏木荘兵衛	4,800	4,500	1,300	
根津六兵衛	4,000	1,000	3,000	
網盛弥兵衛	3,000	1,000	1,900	133
魚澄惣兵衛	2,000	2,500	9,800	
直木久兵衛	2,000	2,000	2,150	80
秋野宗兵衛	2,000	1,500	2,200	
その他	25,200	1,500	11,000	
計	170,000	129,000	155,000	

（出所）表Ⅲ-6と同じ。
（注）98年頃は1898年頃を示す。

3　和泉国貝塚港の廻船問屋――廣海惣太郎家

現在の大阪府南部にあたる和泉国は、堺・岸和田・貝塚・佐野などの諸湊が存在しており、そのうち貝塚は寺内町で領主は願泉寺住職であった。廣海惣太郎家は１８３５（天保６）年に貝塚湊で廻船問屋を開業し、問屋仲間に加入した（石井寛治・中西聡編『産業化と商家経営』）。当初は主に廻船業者から積荷の販売を委託され、それを仲買商へ仲介する荷受問屋経営を行った。扱い荷は米穀と魚肥で、廻船業者との取引を示した「仕切帳」によれば、米穀は主に北東北・北陸米、魚肥は主に北海道・北東北の魚肥であり、いずれも西廻り航路を利用して日本海沿岸から運んできた北前船と取引していたと考えられる。表Ⅲ-8を見よう。１８５９（安政６）年に廣海家が北前船と取引した商品は、秋田・庄内地方・越後国の米が中心で、それを運んできた北前船は加賀国の船が多かった。それに続いて多かったのが、越後国南部の直江津・糸魚川周辺の北前船で、加賀国の北前船が主に秋田・庄内米を運んだのに対し、直江津・糸魚川の北前船は出身地元の高田藩領の米を運んだ。そして魚肥では、陸奥国野辺地の野村治三郎家の船が出身地元の南部藩領の魚肥を運んだのに対し、加賀国・越前国などの北前船が北海道産の魚肥を運んだ。

このように廣海家が扱った積荷の種類は限られていたが、それぞれの産地に対応して多様な船主の船が貝塚湊で取引していた。廣海家は、最幕末期になると自分でも和船を所有して遠隔地間交易に乗

表Ⅲ－８　1859年廣海家の北前船との仕切品一覧

船主名	出身	仕切品
竹多三郎兵衛	加賀本吉	庄内・秋田米他7,480俵、秋田大豆680俵、秋田小豆389俵
関屋吉松		秋田米他4,012俵
油屋（善兵衛）	越後直江津	高田米他3,768俵
加登屋九兵衛	加賀本吉	秋田・庄内米2,774俵、秋田小豆416俵、大豆3俵
池原仁三次	（越後糸魚川）	村松・柴田米2,753俵、越後干鰯84俵
渡辺彦太郎		藤谷・館村米2,474俵
木屋藤右衛門	加賀粟崎	庄内米2,200俵、南部大豆280俵
尾関磯吉		柴田・新庄・津軽米他2,102俵、小豆100俵
秋野茂右衛門	羽前加茂	庄内米1,535俵、油粕200俵
寺崎元五郎	（越後糸魚川）	高田米他1,470俵
伏見屋五郎三郎	加賀本吉	庄内米他1,445俵
浜岡屋長右衛門	（能登黒嶋）	村上・長岡米他1,320俵、大豆50俵
橋本屋寛次郎	加賀湊	矢島米他1,267俵、秋田小豆100俵
中屋弥兵衛	（能登黒嶋）	越後米他1,017俵
輪島屋与三兵衛	加賀宮腰	秋田米他1,013俵
茶屋善三郎		庄内米832俵
野村治三郎	陸奥野辺地	青森米760俵、南部大豆1,293俵、南部小豆100俵、南部粕3,392本
勝嶋九郎三郎	越後直江津	高田米他760俵
指吸長左衛門	和泉堺	秋田米520俵
銭屋八十吉	（越中海老江）	庄内米411俵、松前鰯粕612本
住吉屋善蔵		秋田米100俵
安全丸三右衛門		松前粕1,733本、鯡粕140本、雑粕46本
出店周太郎	（越前浜坂）	松前粕1,380本
久保彦兵衛	加賀橋立	松前粕1,133本、鯡粕556本
松尾丸安兵衛		南部粕557本
鈴木助治郎	越後新潟	樽前粕他551本
湊屋幸三郎	（加賀宮腰）	松前粕300本
新屋善九郎	（越前﨑浦）	鯡粕134本、羽鯡4,031束、笹目36本

（出所）　安政６年「穀物仕切帳」、安政６年「干鰯仕切帳」（廣海家文書、廣海家蔵、貝塚市教育委員会寄託）より作成。
（注）　船主・出身欄は、前掲柚木学編『諸国御客船帳』（上・下）、前掲柚木学編『近代海運史料』などを参照した。船主・出身欄の括弧内は推定。出身欄には旧国名も付記した。

り出し、主に北海道・陸奥国産の魚肥を貝塚に積み戻った。それとともに、貝塚湊で扱う荷物も魚肥が中心となり、仲買商への販売を仲介するのみでなく、自ら魚肥を買い取って自己責任で売買するようにもなった。

１８５９年時点では、廣海家は取り扱い肥料の大部分を貝塚の肥料仲買仲間商人へ販売したが、その後岸和田の肥料商への販売も増大し、62（文久2）年からは大坂の肥料仲買商への販売も増大した。一般に、大坂と大坂湾岸地域との関係では、中央市場であった大坂に遠隔地から商品が運ばれ、そこから大坂湾岸に商品が再移出されると考えがちであるが、廣海家の事例からは、大坂ではなく直接周辺の諸湊に入津した北前船から荷揚げされた積荷が大坂へ再移出されるという逆のルートがあったことがわかる。

前述のように、大坂松前問屋と兵庫湊の問屋との競争において、大坂松前問屋が廻船業者に支払う手数料の多さが問題とされたように、廣海家が廻船業者から得た手数料率よりも大坂松前問屋が廻船業者から得た手数料率の方が高かった。江戸時代の大坂・江戸間の代表的廻船であった菱垣廻船のように運賃積であれば、廻船の入津湊は前もって決められているが、北前船のような買積船では船主が取引湊を選択する自由を持っていた。したがって船主は価格と手数料の高低を考慮して取引湊を選択したと考えられ、廣海家は手数料率を大坂松前問屋よりも低く設定して物資の集荷を拡大させようとしたといえる。

明治時代になると、廣海家が自ら売買する性格が強まるとともに取扱商品は専ら魚肥となった。大坂では、肥料仲買商が大坂周辺の諸湊の廻船問屋から肥料を仕入れる権利を保持していたため、幕末維新期に大坂松前問屋よりもむしろ肥料仲買商の方が成長したが、廣海家は廻船問屋であると同時に、自ら肥料売買を行うという仲買商的性格を強めることで、明治時代でも勢力を保った。1882（明治15）～89年の貝塚港では、他の大阪府南部諸港に比べ、魚肥の移入量がかなり多く、年によりばらつきはあったものの約５０００〜１万８０００石の魚肥が毎年移入されていた。この頃の廣海家は約５０００〜７０００石の魚肥を連年扱っており、貝塚港への移入魚肥の過半数か少なくとも半分近くを廣海家は扱っていたと考えられる。

表Ⅲ-９を見よう。１８７９年に廣海家が北前船と取引した商品は大部分が魚肥であり、青森県産

表Ⅲ-9　明治期廣海家の北前船との仕切品一覧

①1879年	出身	仕切品
廣海家手船	貝塚	南部粕・鰯粕3,877本、南部大豆1,235叺他
梅村彦七	大阪	南部粕1,692本
神通丸与之助		南部粕1,462本
藤田与左衛門		鯡粕884本
野村治三郎	野辺地	南部粕891本、南部大豆10叺
野坂勘左衛門	野辺地	南部粕702本
伊藤助右衛門	鬼舞	鯡粕552本、柴田米859俵
辰馬半右衛門	鳴尾	関東干鰯506俵
藤野嘉市	大阪	鯡粕416本、羽鯡1,167束
頭川善助		鯡粕409本
串岡屋吉三郎		鯡粕389本、羽鯡2,000束、笹目15本
熊田源次郎	湊	鯡粕289本、白子6,644俵、庄内米2,057俵
関原八十吉		鯡粕230本
冨村三郎吉	堺	加賀米300俵
②1902年		
廣海二三郎	瀬越	鯡粕1,867本、数の子171本
熊田源太郎	湊	鯡粕1,083本
久保彦兵衛	橋立	鯡粕1,018本
橋本利助	三国	鯡粕952本
野坂勘左衛門	野辺地	南部粕848本
田中新三郎	鬼舞	南部粕509本
大家七平	瀬越	鯡粕500本
蔵谷権三郎	塩屋	鯡粕500本
岡田喜右衛門	吉崎	鯡粕411本
熊田忠次郎	湊	鯡粕299本
亀田喜八	三国	鯡粕249本
杉本喜右衛門	糸魚川	鰯粕13本

（出所）明治12・35年「仕切帳」（廣海家文書、廣海家蔵、貝塚市教育委員会寄託）より作成。

（注）出身は、廣海家文書の人名録などを参照した。南部粕は、田名部粕・市川粕など青森県産の鰯粕をまとめて示した。鯡粕はいずれも北海道・樺太産。柴田米は新潟県産。出身のうち、野辺地は青森県、鬼舞・糸魚川は新潟県、湊・橋立・瀬越・塩屋は石川県、三国・吉崎は福井県、鳴尾は兵庫県、堺・貝塚は大阪府。

の鰯魚肥（南部粕）が多かった。最大の取引相手は廣海家手船（自己所有船）で、廣海家の主要な取引相手であった青森県野辺地の野村治三郎家の廻船と共同で運航して野辺地・貝塚間を往復していたと考えられる。ところが廣海家手船の活動は、1880年代前半の松方デフレのなかで大きな損失を計上したため終了し、83年に廣海家は手船を売却すると、以後海運経営を行うことはなかった。

1890年代になると汽船網・電信網の一層の整備で、地域間価格差が縮小したため、北前船の活動範囲はせばまり、廣海家は電信を利用して相場を確認し、汽船輸送を利用して直接北海道の肥料商から魚肥を買い入れるようになった。そのため1902年に貝塚港で廣海家が北前船と取引した魚肥の量は1879年に比べてかなり減少した。そしてその取引相手も、瀬越・湊・橋立など石川県の北前船主が中心となり、青森県産魚肥ではなく、北海道産の鯡魚肥がほとんどを占めるようになった。

補章1　汽船海運業と北前船主

1　五大北前船主の汽船経営への転換

帆船船主として19世紀の日本海海運の中心的な担い手となった北前船主であったが、19世紀末になると巨大汽船会社に対抗して、自ら大型汽船を所有して汽船運賃積経営に乗り出した北前船主が登場した。そこで、補章1として汽船船主となった北前船主の動向を概観する。表補-1を見よう。1896（明治29）年末の大型汽船主要船主を見ると、日本郵船が飛びぬけた地位を示したものの、三井物産が日本郵船・大阪商船に次ぐ大型汽船所有数を示し、廣海二三郎、右近権左衛門、大家七平といった北陸親議会加盟の北前船主がそれに続いていた。その下のレベルで見ても、中越汽船、南嶋間作、函館汽船、浜中八三郎、馬場道久と、北前船主や、北前船主が経営者や主要株主となった汽船会社が比較的上位にきており、それら北前船主系汽船船主が所有した汽船の規模は、平均すると大阪商船の所有汽船よりかなり大きく、日本郵船の所有汽船と比べても遜色はなかった。その意味で、1890年代の日本海運に大型汽船輸送を普及させたのは、日本郵船に次いで北前船主であったといえる（中西聡『旅文化と物流』）。

表補-1　1896・1906年末時点大型汽船主要船主一覧

単位：隻、トン

①1896年末船主	隻数	延総トン数	船籍港	②1906年末船主	隻数	延総トン数	船籍港
日本郵船株式会社	53	109,149	東京	日本郵船株式会社	73	255,277	東京
大阪商船株式会社	14	12,529	大阪	大阪商船株式会社	41	83,410	大阪
三井物産合名会社	5	10,675	長崎	廣海二三郎	9	27,266	敦賀・瀬越・三庄
廣海二三郎	4	8,627	大阪	緒明菊三郎	9	21,258	品川・神戸・横浜
右近権左衛門	4	8,280	神戸	三井物産合名会社	8	24,385	口之津
大家七平	4	7,960	大阪	株式会社辰馬商会	8	16,381	鳴尾
盛航株式会社	3	6,472	神戸	尾城汽船合資会社	6	16,384	横浜
中越汽船株式会社	3	5,731	伏木	右近権左衛門	6	15,916	敦賀
南嶋間作	3	5,117	東京・新湊	岡崎藤吉	6	11,843	神戸
岡崎藤吉	3	3,643	神戸	中越汽船株式会社	6	11,792	伏木
函館汽船株式会社	3	2,261	函館	岸本兼太郎	5	14,629	浜寺
浜中八三郎	2	6,267	神戸	大家商船合資会社	5	11,271	大阪・瀬越
福永正七	2	5,480	神戸	原田十次郎	5	8,239	大阪
馬場道久	2	5,099	東京	東洋汽船株式会社	4	23,892	東京
北海道炭礦鉄道株式会社	2	4,300	東京	板谷合名会社	4	11,393	横浜
浅野惣一郎	2	3,474	東京	三菱合資会社	4	10,284	長崎
岸本五兵衛	2	3,359	神戸	北海道炭礦汽船株式会社	4	8,851	東京・函館・横浜
帝国商船株式会社	2	3,136	大阪	日本商船株式会社	4	7,686	品川・東京
増田又一郎	2	3,123	神戸	八馬兼介	3	6,041	神戸
名越愛助	2	2,861	大阪	田中松之助	3	4,800	大阪・神戸
緒明菊三郎	2	2,699	東京	松方幸次郎	2	6,610	神戸
摂州灘興業株式会社	2	2,553	神戸	川崎芳太郎	2	6,346	神戸
日本商船株式会社	2	2,389	東京	山下亀三郎	2	4,745	横浜
鈴木真一	2	2,302	東京	海外貿易株式会社	2	4,652	大阪
喜多伊兵衛	1	2,698	長崎	函館汽船株式会社	2	4,633	函館
山本藤助	1	2,307	兵庫	馬場合資会社	2	4,551	東岩瀬・七尾
日本石油精製株式会社	1	2,111	神戸	矢崎常三郎	2	4,426	小樽・大阪
山田秋太郎	1	2,059	大阪	松本源七	2	4,167	神戸

（出所）　前掲中西聡「北前船主系汽船船主の多角的経営展開」24頁の表4より作成。

（注）　1896年末は総トン数500トン以上、1906年末は総トン数1,000トン以上の汽船を大型汽船とみなし、大型汽船について1896年末は延総トン数2,000トン以上、1906年末は大型汽船を2隻以上かつ延総トン数4,000トン以上の汽船を所有した船主を示した。台湾を除く日本国内に船籍を置いた船について集計した。延総トン数は、所有した大型汽船の延総トン数。政府所有汽船は除く。三井養之助所有汽船は三井物産合名会社に含め、大家商船合資は大家七平名義の汽船を含む。船籍欄の、伏木・新湊・東岩瀬は富山県、瀬越・七尾は石川県、三庄は広島県、口之津は長崎県、鳴尾は兵庫県、浜寺は大阪府にある。

1906年末時点となると、大阪商船の急速な拡大に注目できる。日清戦争後に植民地として台湾を獲得した日本は、政府命令航路として本州―台湾航路を充実させ、それを引き受けることで大阪商船は航路網を急拡大するとともに、新造船を次々と導入して所有汽船の大型化を進めて、日本郵船に次ぐ地位を確立した。個人汽船船主では、緒明菊三郎と北前船主系の廣海二三郎の汽船所有規模拡大が目立つ。特に廣海二三郎は、所有汽船隻数・延総トン数ともに三井物産を上回るに至り、個人汽船船主として最大規模の汽船を所有した。しかしそれ以外では、浅野総（惣）一郎らが東洋汽船株式会社を設立したり、大家七平が家業を会社化して大家商船合資を、馬場道久も家業を会社化して馬場合資を設立するなど、法人の汽船所有が増大し、全体として個人汽船船主の比重は低下した。

大型汽船に焦点を合わせた表補-1では、中型汽船を所有した船主の動向が不明のため、表補-2で、北前船主の汽船所有を一覧した。これまで帆船所有数から五大北前船主として、加賀国瀬越の廣海二三郎家および大家七平家、加賀国塩屋の浜中八三郎家、越前国河野の右近権左衛門家、越中国東岩瀬の馬場道久家が挙げられてきたが、これら五大北前船主は、総トン数3000トン以上の大型汽船を所有した点でも共通点があった。すなわち、1896年末の北前船主各家の所有汽船の延総トン数を見ると、最大が廣海二三郎家の9102トンで、右近権左衛門家の8280トン、大家七平家の7960トン、浜中八三郎家の6267トン、馬場道久家の5347トンと続き、五大北前船主は、北前船主のなかで、帆船の五大船主であったとともに、汽船の五大船主でもあった。

表補-2　北前船主の汽船所有の推移

数値の単位：トン

船主	出身	1891年末		1896年末		1901年末		1906年末		1913年末	
		延トン	船名	延トン	船名	延トン	船名	延トン	船名	延トン	船名
大家七平 →大家商船 合資	加賀瀬越	2,676	愛国丸 加賀丸	7,960	台湾丸 竹乃浦丸 凱旋丸 愛国丸	3,563	凱旋丸 愛国丸	11,271	愛国丸 遼東丸 壽満丸 宮島丸 交通丸	8,059	愛国丸 遼東丸 壽満丸
馬場道久 ・大次郎 →馬場合資	越中東岩瀬	2,277	社寮丸 日本丸 萩ノ浦丸 伏木丸	5,347	白山丸 立山丸 萩ノ浦丸 神通川丸	2,171	立山丸	4,551	北陸丸 立山丸	5,158	有明丸 立山丸
廣海二三郎	加賀瀬越	1,780	北洲丸 千早丸 高島丸	9,102	京都丸 奈良丸 江戸丸 千代丸 千早丸	6,114	京都丸 千代丸 江戸丸	27,266	五島丸 宇品丸 御吉野丸 江戸丸 高雄丸 京都丸 御室丸 千代丸 千島丸	14,641	宇品丸 御吉野丸 京都丸 御室丸 千島丸 静丸
南嶋間作	越中新湊	1,073	奈古浦丸	5,117	志賀浦丸 有磯浦丸 奈古浦丸	3,296	志賀浦丸 奈古浦丸	2,212	志賀浦丸	2,212	志賀浦丸
浜中八三郎	加賀塩屋	829	日光丸	6,267	南洋丸 東洋丸						
浜中又吉	加賀塩屋	596	皇国丸 石川丸						西村忠一 （能登一宮）	1,444	生玉丸 連勝丸
平出喜三郎 →錦旗丸汽船	加賀橋立	538	錦旗丸	801	錦旗丸 浦島丸	853	錦旗丸 浦島丸	553	錦旗丸	1,551	第二錦旗丸 錦旗丸
藤野四郎兵衛 ・隆三	近江下枝	383	芳野丸	1,402	伊吹丸 芳野丸	1,543	伊吹丸 玄洋丸	5,000	萬里丸 伊吹丸 蛟龍丸 振分丸	745	蛟龍丸
西谷庄八	加賀橋立	179	北海丸 小島丸	22	小島丸						
右近権左衛門 →右近商事	越前河野			8,280	福井丸 河野浦丸 勝山丸 南越丸	8,230	福井丸 河野浦丸 勝山丸 南越丸	15,916	八幡丸 福井丸 河野浦丸 第二南越丸 勝山丸 南越丸	4,189	福井丸
森正太郎	越中東岩瀬			428	加陽丸	428	加陽丸				
板谷吉左衛門	加賀瀬越			360	都丸				大家善太郎 （越前崎浦）	3,584	神壽丸 摩耶山丸 海国丸
伊藤祐太郎	越後鬼舞			264	奴奈川丸						
忠谷久蔵	加賀橋立			224	久保丸						
西出孫左衛門	加賀橋立			156	北海丸	546	福重丸 北海丸	917	栄久丸 福重丸	937	栄久丸 福重丸
酒谷長一郎	加賀橋立					144	豊漁丸	147	豊漁丸		

（出所）　中西聡「汽船船主となった北前船主」（全国北前船研究会編『北前船にかかる論考・考察集（全国北前船セミナー開催30周年記念）』全国北前船研究会、2016年）14-15頁の表より作成。原資料は、明治25年『船名録』逓信省、1894年、明治30年『西洋形船船名録』逓信省、1897年、明治35・40・大正３年『日本船名録』帝国海事協会、1902・1907・1914年。

（注）　旧北前船主で登簿汽船を所有した船主とその船名を総トン数の多い順に示した。出身欄は、旧国名を付記した。延トン数は、所有汽船の総トン数の延数。1906年末の廣海二三郎は、表で示した以外に総トン数50トン未満の小型汽船を２隻所有していたがそれは省略した。西谷庄八欄の1901年末以降は汽船の所有はないため、その欄は藤野家の欄になる。船主欄には代替わりの氏名も付記し、後に会社所有となった場合は→で示した。西村忠一と大家善太郎は、1913年末欄のみ汽船を所有したので、表の途中に船主を入れてその下の括弧内は出身地を示す。

なお、1889年に帆船9隻を所有していた浜中家は、90年代に汽船経営への転換を進め、90年代後半に大型汽船を所有するに至ったが、20世紀初頭には、汽船を手放して海運経営から撤退した。しかし、五大北前船主のうちそれ以外の4家は、1913（大正2）年末時点でも汽船を所有し続け、家業会社を設立して汽船経営を継続した。その意味で、北前船主は個人汽船船主としても、日本海運業にとって大きな役割を果たしたといえる。

そのなかで、廣海二三郎家と大家七平家は後ほど詳しく触れるので、馬場道久家と右近権左衛門家についてここで触れておく。富山県東岩瀬の馬場道久家は、1879年時点で和船14隻を所有する大規模北前船主であったが、90年前後から急速に汽船経営へ転換し、和船を手放すとともに、91年末時点ですでに汽船4隻を所有しており、汽船経営への転換が急激であった。その背景には、馬場家自身が富山県の海運会社の設立に関わり、越中商船会社の社長に就任するなど、近代海運経営に積極的に取り組んだことがある（『馬場海運史』）。

一方、1878年時点で和船14隻を所有する大規模北前船主であった福井県河野の右近権左衛門家は、馬場家よりも汽船経営への転換は遅れ、94年頃から汽船所有を始めたが、それ以降の汽船経営への転換は急速で、1901年末には北前船主系の個人汽船船主で最大規模の汽船を所有した。その後の右近家の汽船経営は、日露戦争期までは拡大したが、日露戦争後の不況のなかで伸び悩み、多くの汽船を手放して、1913年末時点では福井丸のみの所有となった。

右近家所有の汽船「福井丸」の写真

（磯前神社所蔵、前掲『海への祈り』87頁）

なお、右近家所有の福井丸は代替わりをしており、1896年末欄の福井丸は、1904年に日露戦争時の旅順港閉塞作戦に従事して旅順港口で自沈した。旅順港閉塞作戦とは、ロシア極東艦隊が旅順港から出てこられないようにするため、旅順港口に船を並べて沈める封鎖作戦である。その第2回目に使用される4隻の汽船のなかに、既に日本海軍に徴用されていた福井丸が選ばれた（上坂紀夫『旅順港閉塞船「福井丸」』）。その後右近家は、初代福井丸より一回り大きい総トン数4189トンの2代目福井丸を所有し、前述のように日露戦争後に多くの汽船を手放すなかで福井丸は所有し続けた。なお、海運経営を縮小した後も右近家は、小樽に所有した倉庫を利用し続け、小樽近郊での漁業経営を1920年代も継続しており、北前船主としての精神は持ち続けた（第Ⅱ部第6章を参照）。

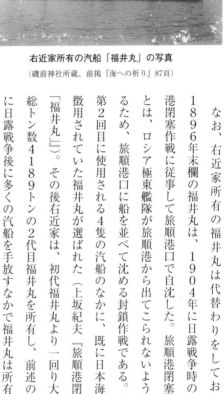

2　五大北前船主以外の北前船主の汽船経営への展開

五大北前船主以外にも、汽船経営に転換した北前船主は数多く見られた。表補-2に戻ると、例えば富山県新湊の南嶋間作家は、１８９１（明治24）年末時点ですでに汽船「奈古浦丸」を所有しており、96年末時点では、所有汽船は３隻に増え、その延総トン数は５１１７トンに上り、富山県東岩瀬の馬場家に匹敵した。ただしそれ以降の汽船所有数は減少し、南嶋家の汽船所有数は、１９００年代後半以降は1隻のみとなった。富山県では、中越汽船など地域海運会社が設立されたため、個人汽船船主の活躍の余地は少なく、前述の廣海二三郎家・大家七平家が大阪に拠点を移して遠隔地汽船海運に展開したのに対し、南嶋家の汽船経営は次第に縮小した（高瀬保『加賀藩の海運史』）。

一方、平出喜三郎家・藤野四郎兵衛家・西出孫左衛門家など北海道に拠点を移した北前船主も汽船経営を根強く継続した。平出喜三郎は、明治前期から函館に店を開き、１８９６年の函館銀行設立の際には、その発起人として創業時の取締役となり、後に北前船主の西出孫左衛門や久保彦助も函館銀行の取締役となった（『函館市史』通説編第2巻）。平出は、汽船錦旗丸を所有するとその汽船を北前船主の共同出資で運航する仕組みを作り、出資額に応じて利益配分を行い、後に会社形態（錦旗丸汽船株式会社）とした。酒谷長一郎は、平出汽船組合に加入するとともに、西洋型帆船も他の北前船主との共同出資形態の運航を行っており、１９０１年末時点では汽船豊漁丸を所有したが、これは比較的小型汽船であり、帆船と同様の買積経営に用いられたと考えられる。

西出孫左衛門家は、明治時代に函館に拠点を移し、１８９０年代後半から汽船経営に転換した。西出家が汽船経営を継続した背景には、同家が北海道奥地に大規模な漁場（紋別・礼文郡で建網場10数ケ所）を所有していたことがあったと考えられ、西出家は所有漁場への諸物資の輸送を所有汽船で行ったと考えられる。北海道漁場の所有は、表補-2に挙げられた他の北前船主でも見られ、平出喜三郎は択捉で建網場60数ケ所、忠谷久蔵は奥尻・根室郡で建網場30数ケ所、西谷庄八は樺太で漁場所有、酒谷長一郎は岩内・網走郡と樺太で建網場10数ケ所の漁場を所有した。そして、江戸時代から場所請負人として北海道で漁業を営み、多数の和船を所有して北前船経営を行っていた近江国の藤野四郎兵衛家は、近代の北海道でも最大の漁業家（根室郡・北見地方で大網408ケ統経営）となり、自らの漁場への諸物資の輸送を所有汽船で行った（第I部第2章を参照）。藤野家は、所有汽船の規模を次第に大型化し、20世紀初頭には総トン数3000トン以上の大型汽船を所有し、函館を拠点として本州方面と北海道内各地に航路を開いた。もっとも藤野家の経営拡大は赤字を拡大させることとなり、1910年代から事業整理が行われ、汽船の売却が進められた。

その一方、第一次世界大戦期の好況は、海運経営に新たなビジネスチャンスをもたらし、いったん海運経営から撤退・縮小した北前船主が、1910年代に汽船を所有して汽船船主として登場する場合もあった。福井県崎浦の大家善太郎は、明治期に北海道に漁場（利尻郡で建網場2ケ所）を所有して、北海道での漁業経営へと転身したが、1913（大正2）年末時点で汽船3隻を所有しており、特に総トン数2400トンの大型汽船「神壽丸」の船籍場は兵庫県西宮になっており、北海道—畿内を結ぶ汽船経営を行ったと考えられる。また能登国一の宮の西村家は、明治時代前期に大阪財界の三羽鳥と呼ばれた大規模北前船主であったが、20世紀初頭に北前船経営から撤退して郷里の一の宮に戻った。その後、西村忠一が函館に拠点を移し、西村忠吉と共同で汽船を購入して貨物輸送の樺太定期航路（函館―小樽―樺太）を開いた（第Ⅱ部第4章を参照）。そして西谷庄八家も1900年代に汽船経営からは撤退したが（表補-2）、小樽の西谷回漕店は船舶代理店業として経営拡大し、神戸・釧路・樺太などに支店・出張所を開設した。西谷家はそれらを会社組織に改め、1920年代初頭に西谷海運株式会社とした（高野宏康「小樽に進出した北前船主・西谷家」）。

3　廣海二三郎家の帆船・汽船複合経営

前述のように北前船主のなかで最大の汽船船主となった廣海二三郎家は、石川県瀬越の北前船主で、19世紀初頭に和船輸送を始めたと推定され、江戸時代の和船所有数はそれほど多くなかったが、明治時代前期に和船所有を増やし、1887（明治20）年頃には和船11隻を所有するまでになった。1887年設立の北陸親議会に加盟し、小樽に支店と倉庫を設けるなど、和船買積形態での北前船経営を維持したが、三井物産とも三井物産本店肥料方の依頼品の輸送を担い、93年に総トン数1698トンの千代丸を所有してから急速に所有汽船の大型化を進め、前述のように、日本郵船・大阪商船に次ぐ大規模汽船船主となった。表補-3を見よう。廣海二三郎家の明治時代の船舶所有は、1879年の加州丸の新造と、86年の経基丸の購入を画期として大きく転換した。すなわち、1879年までは和船のみの所有で、船体規模は次第に大型化して千石船が主体となったものの、大型化には限界があった。1879年に西洋型帆船を新造してからしばらくは和船主体の運航が続いたが、84〜87年にかけて和船廣徳丸・廣福丸・廣悦丸を売却し、代わりに85年に九十九丸・明静丸・妙運丸の3隻の西洋型帆船を購入することで、廣海二三郎家の船舶所有の中心が西洋型帆船に転換した。

もっとも、この時点では和船から西洋型帆船に完全に転換する意図はなく、1884〜85年に和船も新造・購入して廣徳丸・廣静丸・廣長丸と名付けたが、86年12月に日本郵船から購入した西洋型帆船の経基丸は、それまでの廣海二三郎家の所有船とは段違いの大型帆船であった。しかし経基丸のような大型帆船は中古船であっても購入価格が高く、メンテナンス費用もかなり掛かったため、1890年11月に同船を売却し、その後は経基丸の半分程度の登簿トン数の西洋型帆船を新造した(中西聡「北前船主系汽船船主の多角的経営展開」)。そして1888年6月に汽船北陸丸を購入し、その後93年には登簿トン数で1000トンを超える汽船を初めて購入した。

ただし、汽船購入価格が極めて高かったため難波時の打撃も大きかった。例えば1895年1月に購入した奈良丸の購入価格は16万円であったが、同船は97年12月に台湾沖で難波した。廣海二三郎家は船体保険に入っていたが、補填されたのは購入価格の3分の1程度であった。そのため廣海二三郎家は、汽船運賃積を本格的に行うようになった1890年代後半でも、西洋型帆船の新造を続けており、和船を売却して西洋型帆船への転換を進めつつも、帆船買積経営は依然として継続していた。そ

表補-3　廣海二三郎家所有船の推移（1880年代～1900年代）

船名	船体規模	船種	取得時期	購入先	売却時期	売却先
廣徳丸→廣悦丸	888石積→916石積	和船	幕末期		1887年12月	金子元三郎
廣長丸→廣福丸	1,041石積→1,294石積	和船	幕末期		1886年12月	加登保吉
永吉丸	819石積→979石積	和船	幕末期		1888年5月	三宅萬吉
廣吉丸	829石積	和船	幕末・維新			破船
廣喜丸	792石積→1,147石積	和船	幕末・維新		1893年5月	梶原午之助
廣悦丸→廣徳丸	907石積	和船	幕末・維新		1884年4月	村上林之助
廣静丸	753石積	和船	幕末・維新			
廣福丸	840石積	和船	幕末・維新		1885年12月	大家太三郎
廣壽丸	793石積	和船	1873年頃		1880年頃	破船
永福丸	769石積→978石積	和船	1878年11月	新造	1889年5月	岡本岩次郎
加州丸	154トン→177トン	洋帆船	1879年11月	新造		
②廣徳丸	1,140石積→1,385石積	和船	1884年3月	新造	1895年12月	南邊伊八
晨風丸→②廣静丸	1,160石積→1,513石積	和船	1884年3月	内田惣右衛門	1891年6月	真島豊造
八幡丸→②廣長丸	1,472石積	和船	1885年1月	西澤喜蔵	1891年6月	真島豊造
九十九丸	93トン	洋帆船	1885年9月	住友吉左衛門	1887年12月	増田又一郎
明静丸	125トン	洋帆船	1885年12月	丹本久兵衛	1886年1月	角谷甚吉
妙運丸	143トン	洋帆船	1885年12月	丹本久兵衛	1901年12月	山川庸之助
経基丸	423トン	洋帆船	1886年12月	日本郵船	1890年11月	緒明菊三郎
北陸丸	381トン	汽船	1888年6月	購入	1892年10月	増田萬吉
北洲丸	617トン	汽船	1890年7月	購入	1895年10月	売却
②廣福丸	130トン	洋帆船	1890年8月	新造		
加島丸	218トン	洋帆船	1890年11月	新造		
高島丸	168トン	汽船	1891年5月	新造	1895年12月	東京湾汽船
千早丸	295トン	汽船	1892年2月	購入	1897年10月	売却
宮島丸	199トン→188トン	洋帆船	1892年4月	新造	1915年11月	橋本文六
千代丸	1,053トン→1,083トン	汽船	1893年6月	購入	1908年8月	沈没
江戸丸	1,036トン→1,069トン	汽船	1894年7月	購入	1904年5月	旅順港閉塞
奈良丸	1,574トン	汽船	1895年1月	購入	1897年12月	台湾沖難破
京都丸	1,666トン→1,640トン	汽船	1895年5月	購入	1915年5月	上西商会
③廣徳丸	164トン	洋帆船	1896年4月	新造	1907年2月	森高伊助
②九十九丸	196トン	洋帆船	1898年2月	新造	1906年1月	堀部勝四郎
千歳丸	218トン	洋帆船	1900年2月	新造	1910年2月	森本新太郎
八重丸	115トン	洋帆船	1900年4月	新造	日露戦争で撃沈	
江島丸	128トン	洋帆船	1901年7月	新造	1907年2月	森高伊助
千島丸	873トン	汽船	1903年4月	購入	1920年4月	廣海商事
高雄丸	1,954トン	汽船	1904年2月	購入	1906年10月	行方不明
御吉野丸	2,298トン	汽船	1904年3月	購入	1920年4月	廣海商事
②江戸丸	2,321トン	汽船	1904年8月	購入	1912年9月	紀伊沖沈没
宇品丸	3,241トン	汽船	1904年10月	購入	1917年4月	浪速汽船
御室丸	1,780トン	汽船	1905年6月	購入	1920年4月	廣海商事
五島丸	2,825トン	汽船	1906年11月	海軍省より	1907年11月	行方不明

（出所）　前掲中西聡「北前船主系汽船船主の多角的経営展開」34-35頁の表9より作成。
（注）　船名の②・③は2回目・3回目の同じ船名を示す。廣海二三郎所有汽船の船体規模は登簿トンを示した。船体規模欄の→は改修による規模の変更を示す。船体規模が30トン未満の小型船や艀船は除いた。晨風丸・八幡丸はそれぞれ購入時に廣静丸・廣長丸と改称。廣徳丸は1883年10月に廣悦丸、廣長丸は1885年6月に廣福丸、廣悦丸は1883年10月に廣徳丸とそれぞれ改称。

廣海商事株式会社の汽船「廣徳丸」

（廣海二三郎家資料、廣海和子氏所蔵）

の場合、汽船では神戸―品川―小樽間の太平洋航路を運航させていたが、西洋型帆船では大阪―馬関（下関）―小樽間の日本海航路を運航させていた。実際、1892年には汽船千早丸が、93年には汽船北洲丸と汽船千代丸が三井物産本店肥料方の扱い品の運賃積輸送を担っており、その一方で、廣海二三郎家小樽派出店が集荷した肥料の日本海航路での輸送を、廣海二三郎家所有帆船が行い、それらは江戸時代以来と同じ取引形態で、畿内や瀬戸内の廻船問屋に荷揚げされて販売委託が行われた（中西聡『旅文化と物流』）。

汽船運賃積はある程度まとまった輸送量を確保できないと効率は悪く、汽船購入には多額の資金が必要となるため、北海道産魚肥市場での輸送形態が完全に汽船運賃積輸送には至っていない段階では、汽船を所有することに経営リスクが大きかった。ところが、定期汽船網が定着し、本州の肥料商が汽船運賃積を利用して直接北海道の海産物商と取引するようになると、まとまった汽船輸送量が確保できるようになり、また日清戦争での日本の勝利により、朝鮮や「満洲」への日本勢力の進出が拡大し、東アジアでの定期汽船網の拡大が見られると、そこへの進出も見越して廣海二三郎家は1904年から積極的に大型汽船を購入し始めた。特に、1904年10月に購入した宇品丸（3241登簿トン）や06年11月に購入した五島丸（2824登簿トン）は、十分に外洋航海が可能な大型汽船で日露戦争を契機として、廣海二三郎家の海運経営は国内から海外へと大きく飛躍した。実際、汽船千代丸は、日本と朝鮮半島・香港・ロシア領沿岸との間の航路に就役し、汽船京都丸は、日本と朝鮮半島・中国・ロシア領沿岸・南洋諸島との間の航路に就役した。

その一方、廣海二三郎家は、日露戦後に西洋型帆船の売却を進めて買積経営を縮小し、1915（大正4）年に最後まで残された帆船宮島丸を売却して、純全な汽船船主へと転換を遂げた。同家は1908年に廣海商事株式会社を設立して、家業から切り離し、企業体として所有船の貸出も含む汽船会社として経営するに至った（佐々木誠治『日本海運業の近代化』）。

4　大家七平家の日本海国際定期汽船運航

廣海二三郎家と並ぶ石川県瀬越の大規模北前船主であった大家七平家は、1835（天保6）年頃から和船を所有したと推定され、幕末期には和船4隻を所有するまでになった。瀬越は近隣の橋立を中心として早くから北前船主を輩出した土地柄であり、大家七平家は江戸時代と同様の買積形態で明治時代前期に海運経営を拡大し、1889（明治22）年には和船9隻を所有するに至った。同家は、1887年に結成された北陸親議会に加盟し、小樽に倉庫を設けるなど、和船買積形態での北前船経営を維持した。その一方で同家は汽船購入も早く、1991年末時点ですでに愛国丸（総トン数1722トン）と加賀丸（総トン数954トン）の2隻の比較的大型の汽船を所有しており、92年に、三井物産大阪支店の依頼荷物の汽船運賃積運送を行った。

ただし、廣海二三郎家と同様に大家七平家も、汽船運賃積と帆船買積を並行して行い、1896年末時点では汽船所有を4隻に増やしたものの、1900年時点では汽船2隻所有に戻り、同時に帆船5隻も所有していた。実際、大阪府貝塚の肥料商廣海惣太郎家は、1900年代も大家七平家の帆船が北海道から運んだ魚肥を購入しており、大家七平家は、小樽に店を構えて、従来の北前船経営を20世紀初頭まで維持していた。しかし、1900年代後半には、廣海惣太郎家が大家七平家の帆船から肥料を購入することはなくなり、その頃に大家七平家は、北前船経営を止めたと考えられる。

大家七平家の汽船経営で特筆すべきは、1902年に自らの汽船で日本海を一周する定期航路を開設したことである。図補-1を見よう。その寄港地は、1903年時点で日本海線（甲）が、門司・下関→浜田→境→宮津→敦賀→ウラジオストク→敦賀→七尾→伏木→佐渡（夷）→新潟→函館→小樽→コルサコフ（樺太）→小樽→ウラジオストク→元山→釜山→門司・下関であり、日本海線（乙）が、小樽→函館→佐渡（夷）→新潟→伏木→七尾→ウラジオストク→七尾→敦賀→宮津→境→浜田→門司・下関→釜山→元山→ウラジオストク→小樽→コルサコフ（樺太）→小樽であった。

その当時の日本の二大海運会社の日本郵船と大阪商船はいずれも日本海航路を開設していたものの、

図補-1　日本海沿岸主要港（20世紀初頭）

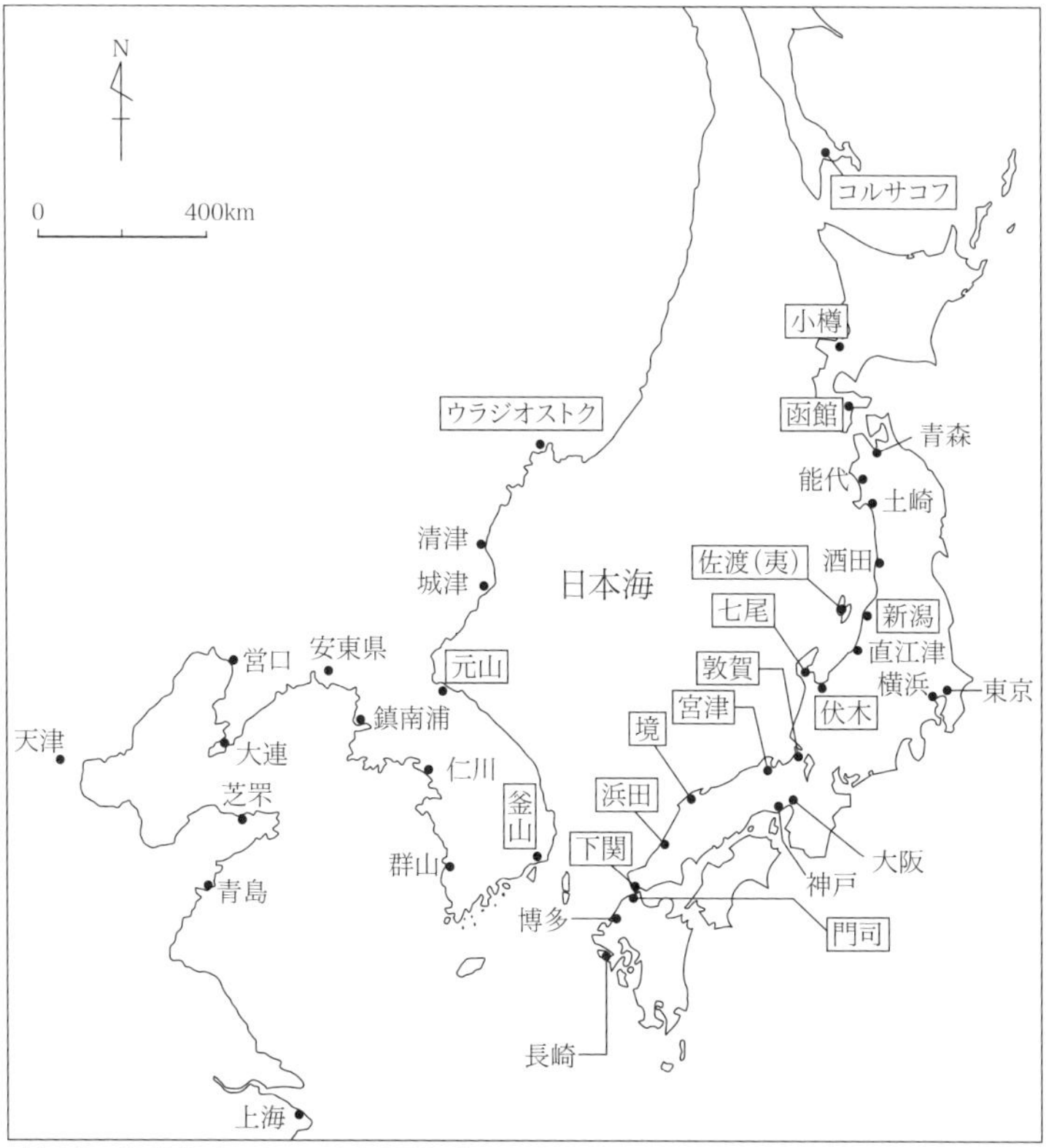

（出所） 桜井英治・中西聡編『新体系日本史12　流通経済史』山川出版社、2002年、395頁の図1をもとに補章関連港を追加して作成。
（注） □で囲った港は大家七平家が運航した定期汽船航路の寄港地。

日本側の日本海沿岸地域を結んでおり、日本海の日本側と外国側を横断して結ぶ航路は開設していなかった。その意味で、大家七平家の定期汽船運航は、敦賀―ウラジオストク間、小樽―コルサコフ・ウラジオストク間、七尾―ウラジオストク間などを航路に含むことで、主要開港場のなかった日本側の日本海沿岸地域と日本海対岸の朝鮮・ロシアを直接結ぶ独創的な航路であった。廣海二三郎家の汽船が、主に不定期船の形で海外航路に進出したのに対し、大家七平家は、所有汽船数は廣海二三郎家よりも少なかったものの、日本海を往復および1周する定期汽船航路を開いたことで、日本海運史上に重要な役割を果たしたといえよう（『敦賀長浜鉄道物語』）。

この大家七平家の日本海定期汽船航路の一部は、日露戦争後に逓信省命令航路となって大阪商船に引き継がれ、大阪商船は、敦賀―ウラジオストク間直航線と北海道―ウラジオストク間回航線を運航した。また、北海道と樺太を連絡する航路も大家七平家から大阪商船が引き継いだが、樺太命令航路を引き受けた大阪商船と山本久右衛門と本間合名が合同して1914（大正3）年に北日本汽船会社を設立し、その後北日本汽船は、樺太航路のみでなく、20年代末に敦賀―清津（朝鮮半島）間航路や敦賀―ウラジオストク間航路も運航することとなり、北日本汽船が日本海定期汽船航路の主要な担い手となった（『北日本汽船株式会社二十五年史』）。

こうした北前船主の汽船経営への展開にはいくつかの方向性が見出せる（中西聡「汽船船主となった北前船主」）。一つは、五大北前船主のように、海運業の近代化の流れに乗って、和船から西洋型帆船そして汽船へと所有船を更新していった方向である。ただし、廣海二三郎家と大家七平家は、所有船隊をもとにして汽船会社を設立して、かなり後の時期まで汽船経営を継続したが、浜中家・馬場家は汽船経営から撤退した。馬場家は、1930年代に汽船会社を再建したものの、純然たる汽船運賃積経営を個人汽船船主が継続し続けるのは困難であったと思われる。もう一つは、北海道へ進出して漁場を所有した北前船主が、所有漁場への諸物資の輸送のために汽船を所有する流れである。この場合は、大型汽船の所有ではなく、西洋型帆船を一回り大きくした中規模汽船が所有され、北前船主が共同出資で汽船を購入することもあった。そして、北海道での漁場経営が継続される限り、安定した輸送需要が見込めるため、汽船経営が1910年代まで継続された。

それとは別に、北前船経営からいったん撤退ないし縮小した北前船主が、第一次世界大戦期の好況の波に乗って、汽船経営を拡大する道があった。その前提に、日露戦争後に日本が南樺太を領有し、それ以降北洋漁業が発展したことがあり、そこに活路を見出した北前船主が、1910年代に新たに汽船経営を始めた。しかし、第一次世界大戦期の好況は、その終戦後の1920年恐慌とともに暗転する。1920年代は輸送需要の急減とともに、海運不況が続き、廣海二三郎家・大家七平家などを除き、ほとんどの北前船主が海運経営から撤退した。

補章2　鉱山業と北前船主

1　海から山へ

北前船主は、北海道の漁獲物を主に輸送・取引し、豊かな海から大きな利益を得ていたが、地域間価格差が縮小するとともに、大きな利益を得られなくなった。そのため多くの北前船主が、20世紀に入ると海運業から撤退したが、他業種へ展開した北前船主も多く、なかには海から山へ展開したものもいた。近代日本の山の産業としては、鉱山業・林業が重要で、20世紀に入ると水力発電所も山間部に設立され、電力業も展開した。

鉱山業へ展開した北前船主としては、石川県瀬越の廣海二三郎家と大家七平家が代表的で、福井県敦賀の大和田荘七家や小樽に拠点を移した西谷庄八家、函館に拠点を移した平出喜三郎家や忠谷久五郎家も鉱山業へ進出した。廣海家・大家家・大和田家は後述するので、石川県橋立出身の西谷家・平出家・忠谷家に触れると、西谷庄八家は、1889（明治22）年に小樽に支店を開設し、小樽倉庫会社設立に協力するとともに、北海道美唄炭鉱へも投資した。そして多くの鉱区の試掘を行ったが天候不順等のために作業が遅れ、結果的に1900年代にはそれらの鉱区は三菱に引き継がれた（高野宏康「小樽に進出した北前船主・西谷家」)。平出喜三郎家は、1913(大正2)年2月から青森県東津軽郡の八甲田鉱区(金・銀・銅)の事業を開始し、忠谷久五郎家は、14年7月から青森県東津軽郡の大盛鉱区(金・銅)の事業を、15年8月から青森県東津軽郡の千歳鉱区で金・銀・銅・鉛の試掘を、同年11月から青森県中津軽郡の柴倉澤鉱区(金・銀・銅・鉛)の事業を、16年6月から青森県中津軽郡の大瀧又鉱区で金・銀・銅・鉛の採掘をそれぞれ開始した(「本邦鉱業の趨勢」)。平出家も忠谷家も20世紀初頭には本拠を函館に置いており、函館から対岸の青森県津軽地方の鉱区に目をつけたと考えられる。そして、大和田荘七家は朝鮮で大規模に植林して林業へも進出しており、硫黄鉱山業へ展開した廣海二三郎家も、硫黄製煉の燃料として薪炭を安定的に得るために鉱業権を得た鉱山の周辺の山林を取得して植林をし、林業へも展開した。

また、石川県南部の北前船主らは、出身地元に設立された大聖寺川水電会社の経営に参加した(『北陸地方電気事業百年史』)。大聖寺川での水力発電所計画は、大阪の入江鷹之助らが企画し、1907年12月に北陸水力電気会社を設立して発電所建物など一部の工事を行ったが、完成に至らずに10年7月に会社は解散した。地方発展のために地元でその事業を継承することとなり、資本金20万円で石川県橋立の北前船主久保彦兵衛が社長、大聖寺町の豊田久樹が専務取締役となって1911年2月に大聖寺川水電株式会社が設立された。取締役7名のうち、社長の久保を含めて5名(久保彦兵衛・増田又右衛門・西出孫左衛門・久保彦助・大家七平)が、地元橋立・瀬越の北前船主であり、北前船主の資金蓄積が出身地元での発電事業の継承を可能とした。

大聖寺川水電の発電所は、大聖寺川から分流する紙谷用水を拡張して設けられたが、増大する電力需要に対応するために、1920年2月に増資をして資本金150万円となり、同年にさらに上流の大聖寺川を利用する2つ目の発電所を建設して運転を開始した。その後、大聖寺川水電の経営は、1920年代も順調に推移して地元の織物工場への電力供給を担ったが、27（昭和2）年の金融恐慌で、取引先の八十四銀行が打撃を受けて整理されることとなり、その余波で多額の損失を蒙った。当時の大聖寺川水電会社社長は西出孫左衛門であったが、重役の株式を京都電灯に売却することで負債の整理に充て、大聖寺川水電の経営は旧北前船主の手を離れることとなった。

2　廣海二三郎家の鉱山経営

補章1で述べたように、石川県瀬越の北前船主の廣海二三郎家は、19世紀末に汽船経営へと展開したが、そのために汽船の燃料である石炭の確保に努め、1896（明治29）年11月に福岡県鞍手郡の宮田炭鉱の鉱業権を取得した（中西聡「北前船主系汽船船主の多角的経営展開」）。宮田炭鉱は、鉱区面積約39万坪に上り、当初は有力店員を配置してその経営に力を入れたが収益源とならず、1902年3月に地元の有力鉱業家の貝島家へ宮田炭鉱の鉱業権を売却した。一方、1896年2月に廣海二三郎家が鉱業権を取得した大分県玖珠郡の硫黄鉱山である九重山鉱区は、かなり質の良い硫黄を採掘

表補-4　廣海二三郎家採掘鉱山の産出量と産出額

鉱山名	九重山鉱区		硫黄島鉱区		高陽鉱区		計	
場　所 主要産品 所有・面積	大分県 硫黄 1896年・61,700坪		鹿児島県 硫黄 1900年・499,414坪		福岡県 石炭 1917年・719,565坪			
	産出量	産出額	産出量	産出額	産出量	産出額	産出量	産出額
1903年	2,363千斤	35,448円	1,106千斤	16,586円			3,469千斤	52,034円
1904年	4,046千斤	60,687円	1,169千斤	17,532円			5,215千斤	78,219円
1905年	4,125千斤	61,875円	1,087千斤	16,305円			5,212千斤	78,180円
1906年	3,750千斤	56,250円	1,012千斤	15,178円			4,762千斤	71,428円
1907年	3,452千斤	51,786円	1,029千斤	15,232円			4,481千斤	67,018円
1908年	2,251千斤	33,765円	1,029千斤	13,117円			3,280千斤	46,882円
1909年	1,119千斤	16,785円	902千斤	10,824円			2,021千斤	27,609円
1910年	1,734千斤	26,004円	723千斤	8,803円			2,457千斤	34,807円
1911年	3,085千斤	52,437円	723千斤	10,120円			3,808千斤	62,557円
1912年	2,847千斤	44,130円	868千斤	11,126円			3,715千斤	55,256円
1913年	2,938千斤	45,640円	962千斤	13,202円			3,900千斤	58,842円
1914年	2,643千斤	49,881円	1,164千斤	18,855円			3,807千斤	68,736円
1915年	2,501千斤	52,610円	1,089千斤	19,606円			3,590千斤	72,216円
1916年	1,769トン	73,397円	573トン	23,780円			2,342トン	97,177円
1917年	1,486トン	61,665円	471トン	19,675円	10,608トン	48,231円	12,565トン	129,571円
1918年	1,023トン	42,433円	418トン	17,347円	21,798トン	194,604円	23,239トン	254,384円
1919年	1,234トン	53,679円	333トン	14,481円	33,658トン	424,462円	35,225トン	492,622円
1920年	928トン	43,170円			20,984トン	249,305円	21,912トン	292,475円
1921年	645トン	29,997円					645トン	29,997円
1924年	307トン(燐)	14,285円					307トン(燐)	14,285円

（出所）　前掲中西聡「北前船主系汽船船主の多角的経営展開」32頁の表７および53頁の表17より作成。

（注）　所有・面積欄は鉱区所有時期と推定最大鉱区面積。本表で示した他に、廣海二三郎採掘鉱山の産出量・額として、1916年の大分県溝部鉱山が判り、金3,772匁、銀2,515匁の産出量で、産出額は金18,860円、銀352円であった。それ以外にも、廣海二三郎家は、大分県の九折鉱山で採掘したが、出所資料は、主要鉱山のみを調査しているため、それらの鉱山については不明。1924年の九重山鉱山の産出は硫黄ではなく燐鉱。

でき、その後の廣海家の鉱山経営の中心となった。そのためさらに硫黄採掘を拡大するために、１９００年５月に鹿児島県大島郡の硫黄島鉱区の鉱業権も取得した。この両鉱山の鉱業権を得たことで、廣海二三郎家は近代日本では有力な硫黄鉱業者に挙げられた。

表補-4を見ると、鉱区面積は硫黄島鉱区がかなり広く、鹿児島県薩摩半島の沖合にあった硫黄島の鉱区のほぼ全域で廣海家は硫黄採掘を行っていたと考えられるが、大分県九重山鉱区が優良鉱区で、一貫して九重山鉱区の産出量・産出額ともに、硫黄島鉱区よりも多かった。廣海家は採掘した硫黄を主に輸出していたが、海外でも廣海家が輸出した硫黄の評価は高く、1907年にセントルイスで開催された万国博覧会に廣海家は採掘した硫黄を出品し、銅賞を受賞した。九重山鉱区が優良であったことを受けて、同じ大分県の大野郡や下毛郡で九折鉱山・溝部鉱山（いずれも金属鉱山）の鉱業権を廣海家は取得したが、九折鉱山はうまく行かず、溝部鉱山は鉱業権を取得した1916（大正5）年はそれなりの採掘はあったものの、翌年からは産出量は減少し、金属鉱山の経営には廣海家は失敗した。

また、廣海二三郎家は、第一次世界大戦期に汽船を新造したため、燃料の確保を図るために再度炭鉱経営に乗り出し、1917年に福岡県遠賀郡の高陽炭鉱の鉱業権を取得し、第一次世界大戦末期の好況期に石炭採掘を行った。表補-4に見られるように、高陽炭鉱の石炭産出量は1917～19年にかけて急増し、石炭価格も上昇していたため、巨額の収益を廣海家にもたらした。ただし、1920年恐慌後は、石炭需要が低迷したため、20年の高陽炭鉱の産出量は減少し、石炭埋蔵量が枯渇したこともあり、その後の高陽炭鉱の産出量は少なくなったため、出所資料に挙げられなくなった。

結果的に、廣海家に最後まで残されたのは九重山鉱区であり、九重山鉱区での硫黄製煉作業の燃料として近隣の国有林より供給された薪材を利用していたが、それを自給するために廣海家は、1908年に九重山鉱区周辺の原野約55町歩を購入して椚を新たに植林した。植林した木を薪材にするのに約20年はかかるので、廣海家は九重山鉱山経営を少なくとも20年以上の長期にわたって継続する見込みであったことが判る。九重山鉱区の産出量は1910年代末から減少し、24年時点では燐鉱石しか採掘できなくなるが、廣海家は九重山の鉱業権を保持し続けた。その後再び新しい鉱脈が見つかったことで1930年代に採掘が再開され、第二次世界大戦後も廣海家は九重山鉱区の鉱山経営を続けた。周辺の山林も廣海家は所有し続け、第二次世界大戦後も廣海家の資産として残された。それは、海から山への廣海家の経営展開を象徴していた。

3　大家七平家と大和田荘七家の鉱山経営

石川県瀬越の大家七平家も、補章1で述べたように、19世紀末に汽船経営へ展開し、日本海一周定期航路を開設するなど、海運経営を継続した。大家七平家は、同じ瀬越出身の廣海二三郎家と親戚であり、廣海家と同様に硫黄鉱山業へ進出した。ただし、大家家が鉱業権を取得した硫黄鉱山は九州ではなく福島県であった。表補-5を見よう。大家家が1910年代初頭に福島県信夫郡の吾妻鉱区の鉱業権を取得し、大家吾妻鉱区として硫黄採掘を行った。その産出量は1910年代後半に増大し、廣海家の硫黄島鉱区を上回る産出量を示したが、九重山鉱区には及ばず、20（大正9）年以降は出所資料に挙がらなかったので、産出量がかなり減少したと考えられる。

一方、炭鉱経営を大規模に行ったのが、福井県敦賀の北前船主の大和田荘七家であった。大和田家

表補-5　大家吾妻鉱山・大和田鉱山の概況

鉱山名	大家吾妻鉱区		大和田鉱区			
鉱業権者 場所・産物	大家七平 福島県信夫郡・硫黄		大和田炭礦会社(～17年)・北海炭業会社(18年～) 北海道留萌郡・石炭			
年度	産出量	産出価額	産出量	産出価額	鉱区面積	土地面積
1913	729,138斤					
1914	1,952,120斤	43,646円	18,492トン	67,319円		
1915	1,585,580斤	29,188円	23,668トン	80,309円		
1916	683トン	32,404円	11,497トン	22,994円		
1917	693トン	34,630円	19,425トン	59,123円		
1918	513トン	21,378円	33,296トン	220,560円		
1919	458トン	22,885円	41,235トン	490,328円	8,272,821坪	1,968,352坪
1920			47,543トン	382,824円	6,347,091坪	1,968,950坪
1921			16,214トン	68,314円	5,998,039坪	1,968,950坪
1922					4,410,472坪	1,968,950坪
1923					4,410,472坪	1,968,950坪

（出所）大正３～12年「本邦鉱業ノ趨勢」（『明治前期産業発達史資料』別冊76（１）～79（４）、明治文献資料刊行会、1971年）、大正８～12年度『営業報告書（北海炭業株式会社）』より作成。

については、第Ⅱ部第６章で大和田銀行を設立して銀行家として活躍した北前船主として紹介したが、ここでは、大和田家の北海道での炭鉱開発を検討する。北海道の炭鉱は、道央の美唄・夕張地区で最も開発が進展したが、大和田家はそれまであまり注目されてこなかった留萌に目を付けた。大和田家の炭鉱経営への進出時期が１９００年代末と遅く、未開発な炭山が多く残っていた留萌地区で大規模に鉱業権を取得して試掘を始めた。表補-5に戻ると、大和田家が開発した鉱区は、大和田鉱区と名付けられ、１９１７年度までは大和田炭礦会社が経営し、その後北海炭業会社に譲渡され、さらに24年に北海炭業会社が中央礦業会社に合併されて、大和田鉱区の経営も中央礦業へ引き継がれた。北海炭業に引き継がれた時点の鉱区面積が約８２７万坪あり、土地面積も約１９７万坪あったので、大和田家はかなり広範囲に鉱業権を取得して、採掘ポイントを探ったと考えられる。ただし、思うようには産出量は伸びず、農商務省鉱山局調査の「本邦重要鉱山」には入らなかった。そのため詳細は不明であるが、1918年から北海炭業会社のもとで増産が図られた。この1918年は、炭価が急上昇しており、前述の廣海家の高陽炭鉱も同様であったが、18~20年の3年間は、炭鉱経営でかなりの産出価額となった（中西聡「近代日本のガス・電気事業と鉱山業」）。

さて、名古屋瓦斯会社関係者らは、瓦斯製造の原料石炭を確保するために、1918年に長崎の矢岳鉱区の鉱業権を獲得するとともに、そこの石炭採掘・販売をする会社として中央礦業会社を設立した（本社：名古屋市）。そして、その関連会社として同年に北海道の大和田鉱区の経営を引き継ぐ会社として北海炭業会社も設立した（本社：名古屋市）。1919年時点で北海炭業の主要株主は、中央礦業会社と小布施順次郎と大和田荘七と三宅駿二であった。そして、北海炭業の設立当初は大和田荘七が取締役になっていたが、1919年末に荘七は北海炭業取締役を辞任した。北海炭業の常務取締役は名古屋の岡本桜であり、名古屋財界から、有力材木商の鈴木摠兵衛が北海炭業監査役となった。設立時の中央礦業の資本金が100万円で、北海炭業の資本金が150万円なので、名古屋瓦斯関係者は、これら両社にかなり力を入れて石炭確保に乗り出したと考えられる。結果的に大和田荘七が開発した大和田鉱区は、名古屋財界が設立した瓦斯会社の原料石炭として利用されることとなった。

4　海と里と山を結んだ北前船主

北前船主はもともと北海道産魚肥と米の輸送で、北海道漁業と本州・四国農村を結びつけていた。また青森県野辺地の野坂家のように醬油醸造業へ進出したものもおり、その原料塩を瀬戸内地域から輸送することで、塩業と醬油醸造業を結びつける役割も果たしていた。このように、海の豊かさと里の豊かさを結んでいた北前船主は、本章で述べたように、20世紀に入り、鉱山業・林業・水力電気事業へも進出することで、海と里と山を総合的に結びつける役割を果たすようになった。

そのイメージを示した図補-2を見よう（中西聡「地域社会と経営史研究」）。近代日本では、山村と漁村（海村）と農村で展開した諸産業が、それぞれ連関しつつ都市社会を支える構造になっていた。例えば、山村では前述のように鉱山業・林業・電力業が展開し、鉱物資源は都市工業や都市生活のエネルギー源として向けられ、木材は都市生活を支える建築材・産業材として利用されるとともに、都市や村落部の薪炭燃料の供給源ともなった。漁村（海村）から供給される漁獲物や塩は、農村向け魚肥となったり、醬油醸造業や化学工業の原料塩となり、また都市生活では食用として漁獲物・塩が消費された。農村からは、農産物・織物・醸造品などが供給され、農産物は都市や村落部へ食料として供給され、織物・醸造品は主に都市生活向けに最終消費財として供給された。一方、都市部から山村・漁村への物流はあまり多くないが、織物原料としての綿糸の製造や化学肥料の製造が都市工業と

図補−２　近代日本における地域社会間の経済的連関

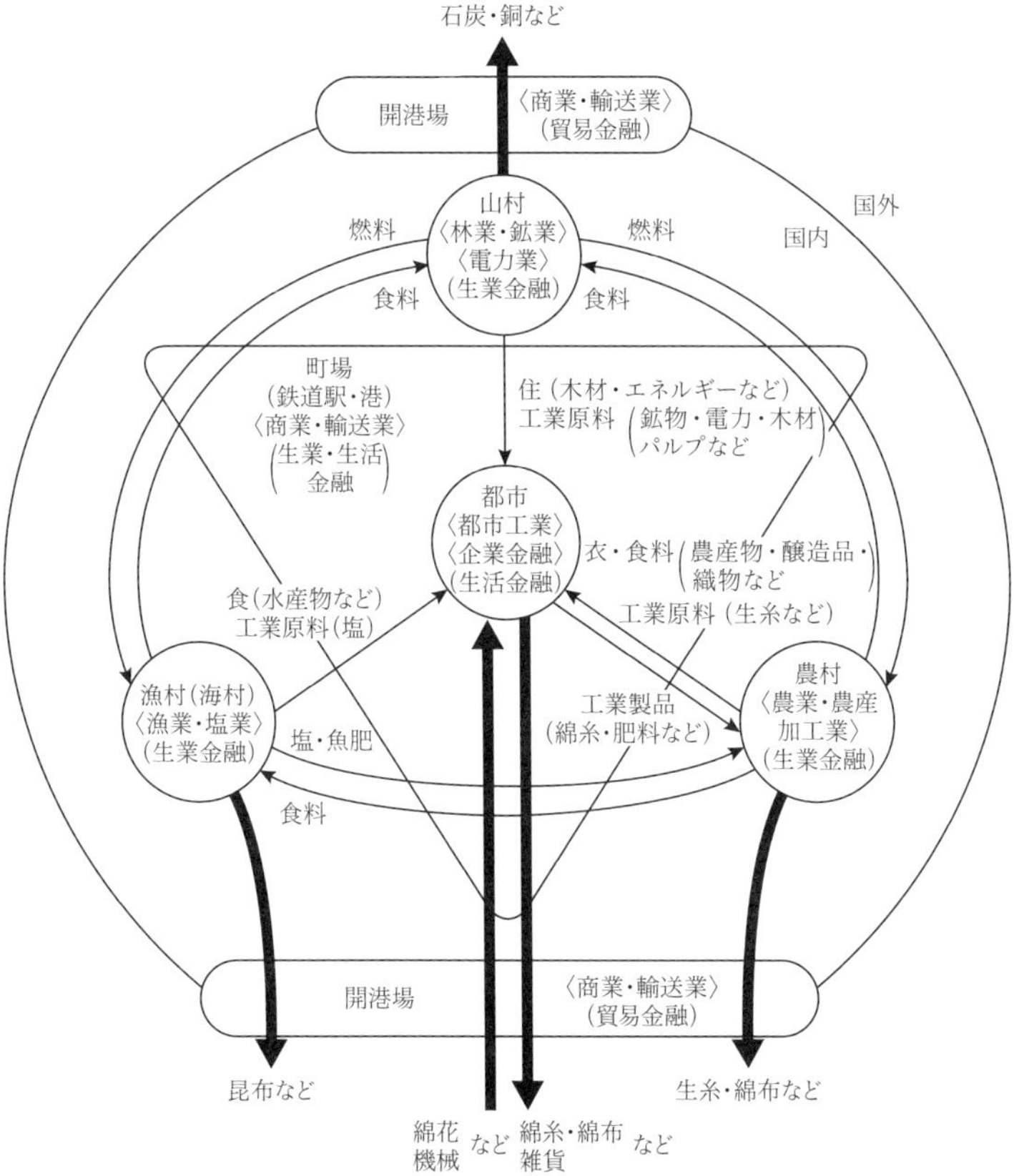

（出所）　中西聡「地域社会と経営史研究」（『経営史学』第54巻第３号、2019年）34頁より作成。
（注）　1910年代〜20年代の状況を念頭において中西聡が作成。

して展開されたため、綿糸や化学肥料が農村へ大量に供給された。

対外関係では、山村からは石炭・銅などの鉱産物が輸出に向けられ、漁村からは昆布などが輸出に向けられ、農村工業として生産された生糸や綿布も輸出に向けられた。対外関係では都市工業との連関が綿花・機械輸入や綿糸布・雑貨輸出などで大きかったと考えられるが、農山漁村も開港場を通して、国際経済と連関していた。こうした諸産業の連関のなかで、北前船は魚肥・塩・食料の輸送で漁村（海村）と農村の間の物流にまずは大きな役割を果たすとともに、北前船主が汽船経営に展開することで、大都市間の物流にも貢献し、鉱山業・林業・電力業へも進出することで、農山漁村と都市を結ぶ日本全体の物流を支える役割を果たした。その意味で、北前船の近代史は、北海道漁業と本州・四国農業に止まらない広がりを持っていたといえよう。

補章3　慶應義塾と北前船主

1　近代教育と北前船主

本書で論じてきたように、北前船主は、明治時代に従来の経営形態に固執せずに、汽船経営へ転換したり、地域の産業化に関わったものが多かった。その背景には、彼らが受けた近代教育があったと思われる。特に、北前船主は、幕末維新期に大きな資産を形成し、地方の出身ではあるが、明治時代に子弟を大都市の高等教育機関で学ばせることが可能であった。

ここでは、そうした高等教育機関の事例として、幕末期に福澤諭吉が開設した慶應義塾を取り上げ、北前船主家と福澤諭吉や慶應義塾との関連を考察する。福澤諭吉は、地方出身者が東京で学び、郷里に戻って、郷土で家業や新事業を展開することを望んだと考えられ、1883（明治16）年6月に三田演説会で福澤諭吉が行ったと思われる演説で、次のように述べた（小川原正道編『独立のすすめ　福沢諭吉演説集』）。

（前略）資産ある身分にて且つは文明の学問を磨き得たる人なれば、その郷里にはおのれの学問を実業に応用すべきの余地あり資本あり、前途の希望また確実のことなれば、その学問の成就次第、大東京の学問を携帰してその郷土に事業の地を求むるこそ、この人に取り無上の上策なれ。（後略）

このように福澤諭吉は、地方出身者に東京での学びを活かして、郷里に戻った後に、出身地の地域社会のリーダーになることを期待していた。こうした福澤の期待を体現したのが、北前船主や地方の醸造家など、幕末期に経営を発展させた地方資産家らであった。表補-6で、北前船主家の家族で慶應義塾に在籍・卒業したものの一覧を示した。福澤諭吉が健在であった時代に慶應義塾に学んだ寺崎常五郎に始まり、五大北前船主とされる、廣海家・右近家・馬場家の当主は、その後いずれも慶應義塾の出身となり、石川県橋立出身で北海道へ拠点を移した有力北前船主の平出家・西出家の家族も慶應義塾の出身であった。これらの家と福澤諭吉・慶應義塾との関係を次節以降で述べたい。

2 新潟県南部の北前船主と福澤諭吉

1881（明治14）年に慶應義塾に入塾し、86年に慶應義塾正科を卒業した寺崎常五郎の本家寺崎伊右（左）衛門家は、新潟県糸魚川で有力な北前船主であった。第Ⅲ部第2章で取り上げた大阪府貝塚の廣海家は、1859（安政6）年に越後国糸魚川の寺崎家の船と越後国高田米を取引した（表Ⅲ-8、元五郎は船頭名）。そして寺崎常五郎が明治時代前期に東京へ出て慶應義塾で学んだことから見

表補-6　近代日本における慶應義塾出身北前船主家一覧

資産額の単位：万円

氏名	生年	出身地	卒業所属	卒業年次	家業(会社)・公職・主要会社役員・当主との関係	資産額		
						1916年頃	1928年頃	1933年頃
寺崎常五郎	1865	新潟県糸魚川	慶應義塾	1886	北前船主、鐘淵紡績勤務			
野村亀太郎	1875	青森県野辺地	理財科	1897	農業、北前船主野村治三郎(7代)の甥(4代野村新八郎)			
平出喜三郎	1876	北海道函館	慶應義塾	1898	北前船主、平出汽船組合、鉱山業、農牧畜業	70		
廣海幾太郎	1876	石川県瀬越	理財科	1898	豊田商店取締役、北前船主(廣海二三郎の従弟)			
西出季吉	1868	石川県橋立	特選	1899	北前船主・商業・鉱業、西出孫左衛門の弟、慶應義塾在籍	150	250	250
牧口義矩	1876	新潟県荒浜	特選	1899	北前船主、地主、直江津米穀取引所理事長、慶應義塾在籍			
堀田勝文	1885	富山県伏木	理財科	1910	北前船主、堀田善右衛門商店代表、富山県貿易商会取締役			
右近権左衛門	1889	福井県河野	理財科	1914	北前船主、右近商事社長、日本海上保険社長	500	1,000	1,000
廣海二三郎	1894	石川県瀬越	理財科	1917	海運業・硫黄鉱業、廣海商事社長	1,000	1,300	1,200
野村治三郎	1877	青森県野辺地	特選	1919	北前船主、野村銀行合名代表、衆議院議員	100		
南嶋間作	1898	富山県新湊	理財科	1920	北前船主、南嶋商行			
馬場正治	1906	富山県東岩瀬	経済学部	1930	海運業、馬場商事社長	500	2,000	2,000
右近保雄	1917	福井県河野	法学部	1941	福和商会社長、権左衛門の弟、弟義三も慶應義塾大学経済学部卒			

（出所）　三田商業研究会編『慶應義塾出身名流列伝』三田商業研究会、1909年、人事興信所編『人事興信録（第4版）』人事興信所、1915年（国立国会図書館蔵）、猪野三郎編『大衆人事録（昭和3年版）』帝国秘密探偵社・帝国人事通信社、1927年、猪野三郎編『大衆人事録（第12版）』帝国秘密探偵社・国勢協会、1937年、大正13年9月・昭和4年10月・昭和17年12月『慶應義塾塾員名簿』（国立国会図書館蔵）、竹内甲子雄編『財界家系図』人事興信所、1956年、三鬼陽之助監修『現代財界家系譜』現代名士家系譜刊行会、1968年、大星義明編『財界家系譜大観』現代名士家系譜刊行会、1977年、慶應義塾編『福澤諭吉書簡集』第5巻、岩波書店、2001年、渋谷隆一編『大正・昭和日本全国資産家・地主資料集成』第1巻、柏書房、1985年、石井寛治『資本主義日本の地域構造』東京大学出版会、2018年より作成。

（注）　1942年までに慶應義塾の塾員となった北前船主家の家族を示した。卒業所属欄の特選は特選塾員を示す。氏名は卒業時ではなく、経営に関わった時期の氏名。資産額は資産家番付における当主家の金額。

て、生家にかなりの資力があったことが窺われる。そして、この寺崎家と出身地が近く、近代初頭に親戚となった北前船主が、第Ⅱ部第2章2節で取り上げた新潟県鬼舞の伊藤助右衛門家であった（伊藤信太郎「くびき風土記」第70～87回）。伊藤助右衛門は、寺崎常五郎を介して福澤諭吉と知り合いになったと思われ、1886（明治19）年4月9日付けの福澤諭吉から伊藤助右衛門への次の書簡が残されている（慶應義塾編『福澤諭吉書簡集』第5巻）。

未タ拝眉之機を得ず候得共、一書を呈し候。時下春暄之好天気、益御清安奉恭賀。陳ハ今回令息二者、寺崎常五郎氏御同伴ニ而、米国へ御遊学可相成よし。誠ニ結構之思召立、既ニ賤息共両人も、明治十六年夏ゟ彼国へ留学ニ付而者、少しハ案内之義も可有之、及ぶ丈ケ之御世話も申上候様可申送。且右両人之者共、彼ノ地ニ而専ら世話相成居候ハ、ドクトルシモンズと申医士ニ而、此人ハ久しく日本ニ居り、老生とハ別し而懇意いたし候義ニ而、夫是之縁を以て、万事依頼致居候ことゆゑ、此度令息御渡米ニ付而も、御都合次第添書等も差上可申。将タ学業之方向其他之義ニ付而者、い才寺崎氏へ申置候間、御聞取可被下候。少年を万里外へ出す、随分御心配之義ニ可有御座、御同感之余り態ト寺崎氏へ托し、一言申上候。余ハ氏之口頭ニ附し候。早々頓首

十九年四月九日　　　福沢諭吉

伊藤助右衛門様　梧下

伊藤助右衛門の息子伊藤祐太郎がアメリカ合衆国へ留学の予定であり、福澤はすでに1883（明治16）年夏からアメリカ合衆国に留学していた二人の息子の福澤一太郎・捨次郎に、伊藤祐太郎の世話をさせることを申し出た。

伊藤祐太郎のアメリカ合衆国への出立は当初予定の1887年2月1日から延期されたようで、その件について、伊藤祐太郎が書簡を携えて福澤諭吉のもとを訪れたことが、1887年1月25日付けの福澤諭吉から寺崎常五郎への書簡で判る（前掲『福澤諭吉書簡集』第5巻）。

伊藤祐太郎氏貴翰を携て来訪、氏が渡米の義に付ては、二月一日なれば同行人も有之、至極の都合と存候得共、支度間に合ひ不申候。無拠一便延期致候。一便延期相成候ても何も案ずることは無之、今便桑港へ文通致置候得ば先方にて待受可致、且又二月中旬までには丁度宜敷同伴も出来可申と存候。仁兄には今回伊藤氏と御同行御六ケ敷よし、誠に可惜事なり。何とか御工風はなきや、御考被成度存候。拙家には兼て御承知も可有之岩崎桃介を養子にいたし、今度米国に遣し候積りに存候。方今世事いよいよ迫り、学問など申す暇は無之、桃介も唯商売稽古の目的にて渡米の事に候。日本の旧財産家も次第に家を亡ぼすの時節、誠に恐ろしき事に候。右御返詞旁申上度、伊藤助右衛門氏より文通候得共、不日御出京のよしなれば、其節御話可致、尚御序もあらば宜敷御致意奉願候。早々頓首。

二十年一月二十五日　　諭　吉

寺崎常五郎様

この書簡のなかで、福澤諭吉は旧財産家が学問を軽んじる風潮に不安を感じており、寺崎常五郎にも伊藤祐太郎と同行して渡米するように説得している。また、伊藤助右衛門が上京の節は、福澤諭吉が伊藤助右衛門の世話をすることを寺崎常五郎に伝えた。

このように伊藤助右衛門家と寺崎常五郎と福澤諭吉は深い結びつきがあり、伊藤祐太郎はその後渡米し、1889年に日本へ帰国すると、父助右衛門に海運業の近代化を勧めた。第Ⅱ部第2章にあるように、伊藤助右衛門家が1893年に小樽に本店を設けて、汽船運賃積を利用して小樽店が直接本州の米穀・肥料商と取引する経営へ転換した背景には、このような伊藤祐太郎の近代的知見があったと思われる。その後、伊藤家は1890年代後半に汽船を所有するとともに日本型帆船をすべて相対的に大型の西洋型帆船に転換させて運賃積経営に備えた。一方、寺崎家は1890年代には北前船経営から撤退しており、常五郎は鐘淵紡績会社へ勤務することとなった。

3　富山県の北前船主と慶應義塾

表補-6に戻ると、富山県の北前船主家のなかで、当主が慶應義塾で学んだのは、東岩瀬の馬場家、新湊の南嶋家、伏木の堀田家であった。このうち、馬場家と南嶋家は、明治時代から汽船経営へ転換して大規模に経営を拡大したことで著名であるが、当主が慶應義塾で学んだのは、大正時代や昭和初年であり、両家ともに北前船経営は行っていなかった。

馬場家（道正屋）は、第Ⅱ部第3章1節で取り上げたように、汽船経営へ早期に転換して五大北前船主の一角を占め、富山県最大の資産家となった。ただし、当主（馬場道久）と若当主（馬場大次郎）が1910年代後半に相次いで死去し、幼少の新当主が後を継いだ。この新当主が慶應義塾大学経済学部を1930（昭和5）年に卒業した馬場正治であり、正治は慶應義塾大学卒業後に馬場商事会社を設立して社長となった。馬場商事は馬場汽船と改称して第二次世界大戦後も汽船経営を継続した。正治の母「はる」は、夫を亡くした後、幼少の正治の進学問題をきっかけに、1923（大正

12）年に富山県に大金を寄付し、それをもとに県立富山高等学校が設立された。その後も、馬場はるは、教育界に大きな貢献をして富山市名誉市民となった（富山新聞社報道局編『越中百家』上巻）。こうした馬場はるの教育にかける情熱が、正治の慶應義塾大学進学の背景にあったと考えられる。

南嶋家は、補章2で取り上げたように、1891（明治24）年末時点ですでに汽船「奈古浦丸」を所有し、96年末時点で所有汽船が3隻に増えて、馬場家と並んで富山県を代表する汽船船主となった。海運経営としては、小樽に支店を設けて北海道交易を主に行い、第一次世界大戦期に家業会社の南嶋商行を設立して海運業でかなりの利益を上げたが、1920年恐慌の打撃で22年に家業を整理した。慶應義塾との関係は、当主の息子（2代間作）が1920年に慶應義塾理財科を卒業したことによるものの、2代目間作が家を継いだ時には、家業は整理されており、慶應義塾での学びを活かす機会は少なかった。

また、堀田家は富山県伏木の廻船問屋で、18世紀には船を所有して海運業へも進出した。幕末期に北前船経営を拡大して、明治時代は1896年に伏木銀行を設立して堀田家当主が頭取になるなど伏木を代表する事業家となった。同家の慶應義塾との関係は、1910年に慶應義塾理財科を卒業した野口勝文が、7代目堀田善右衛門の娘と結婚して8代善右衛門の養子になったことによる。堀田善右衛門商店は、1920年代前半に倒産するが、堀田勝文は、伏木港築港を構想して伏木土地埋立会社を設立、伏木町長・富山県会議員・富山県会議長などを務めた。堀田勝文は、福澤諭吉が望んだような地域社会のリーダーとなり、その意味で、堀田家が、慶應義塾出身の野口勝文を婿養子に迎えたことは、伏木港の近代化に大きな意味を持った。なお、世界的に著名な作家堀田善衞は、堀田勝文の三男で、慶應義塾大学文学部卒業であり、堀田善衞のエッセイには、生家を題材にしたと考えられるものがある（「鶴のいた庭」（『堀田善衞全集』第5巻））。

4　北陸親議会加盟北前船主と慶應義塾

本書の各所で触れたが、石川県南部と福井県河野の北前船主を中心として、1887（明治20）年に北前船主の組合である北陸親議会が結成され、彼らは共同歩調を取り、最大の取引相手であった大阪・兵庫・阿波の荷受問屋組合との交渉で取引慣行を決めた。そして、北陸親議会加盟北前船主が、近代期も海運経営を発展させたが、彼らのなかには、家族を慶應義塾へ進学させた家も多かった。

その代表例が、補章1・2で取り上げた石川県瀬越の廣海二三郎家である。廣海家は、前述のように、19世紀に西廻り航路の買積経営を大規模に展開し、19世紀末に汽船経営に転換し、大阪に拠点を移すとともに、大阪財界でもかなりの資産家となった。慶應義塾との関係は、明治時代の当主二三郎の従弟の幾太郎が慶應義塾理財科に入塾して1898年に卒業したことに始まる。幾太郎は、廣海家が和船経営から汽船経営へ転換するとともに、東京の慶應義塾で近代教育を受け、卒業後は、独立して商業を営んだ。明治時代の当主二三郎の息子四郎（後に二三郎）も慶應義塾理財科に入塾して

1917（大正6）年に卒業した。慶應義塾を卒業すると、四郎は家業会社の廣海商事の経営に参画し、1929（昭和4）年に二三郎を襲名して当主となり、廣海商事の汽船経営を牽引した。卒業後も三田会の活動に関わり、昭和戦前期には大阪三田会の相談役になっている。

石川県橋立の平出家と西出家も、北陸親議会に加盟するとともに、明治時代に函館に拠点を移して汽船を所有し、北洋漁業へも進出したことで共通点があった。さらに両家は、家族が慶應義塾の塾員であった点も共通で、平出家2代目当主喜三郎は、1898年に慶應義塾を卒業しており、西出家当主孫左衛門の弟の季吉は、おそらく慶應義塾に在籍経験があったと思われ、99年に慶應義塾の特選塾員に選ばれた。慶應義塾の卒業生は塾員となるが、特選塾員とは、慶應義塾に大きな貢献をしたものに特別に塾員の資格を与える制度である。明治時代は、慶應義塾に在籍したものの何らかの理由で卒業に至らなかったものが、特選塾員に選ばれることが多かった。この1890年代は、両家の当主が、北海道で熱心に会社経営を行っていた時期でもあり、平出家当主は、函館銀行の設立に関わって取締役となり、西出家当主も、函館銀行や小樽倉庫会社の取締役を務めた。

また、福井県河野では、第Ⅱ部第6章4節で取り上げた右近権左衛門家が大規模な北前船主として北陸親議会に加盟したが、右近家は、北前船主が中心となって設立された日本海上保険会社の経営に尽力、当主が社長となった。慶應義塾との関係は、後の11代右近権左衛門が慶應義塾理財科に入塾して1914年に卒業したことに始まり、11代の息子2人（保雄・義三、12代権左衛門の弟）はいずれも慶應義塾大学法学部と経済学部卒業で2代にわたって塾員となり、慶應義塾と深い関係を持つに至った。そして、第二次世界大戦後も右近家当主は、日本海上保険会社の社長を務めた。

5　山の富豪と慶應義塾

補章2の最後で述べたように、北前船主は海と里と山を総合的に結びつける役割を果たしたが、近代日本の産業化は、海と里と山の豊かさから資産を蓄積した地方資産家が、都市工業へ出資することで進められた。そして、地方資産家が、子弟を慶應義塾など東京の高等教育機関へ進学して、それら子弟が卒業後に郷里へ戻って家業や新事業へ従事することで、地方の産業の近代化も進められた。

実際、近代期に地方出身で慶應義塾の塾員になったものには、海運業のほかに、鉱山業・林業・醸造業を家業に持つ家の子弟が多かった。表補-7はそのなかで、林業・鉱山業を家業とする山の富豪で慶應義塾と深い関係を持った家を挙げたものである。近代日本の財閥家族は、鉱山業へ進出して資産を蓄積したが、三大財閥に続く、藤田家・久原家・古河家の当主はいずれも慶應義塾の塾員となった。特に、藤田家は、藤田組創業者の藤田伝三郎の弟である久原房之助が1889（明治22）年に慶應義塾を卒業したことから、慶應義塾とのつながりが深く、伝三郎の3名の息子（平太郎・徳次郎・彦三郎）はいずれも特選塾員に選ばれた。古河虎之助は慶應義塾普通部を卒業したが、大学部に進学しなかったため、その時点では塾員になれなかったが、後に特選塾員に選ばれた。

表補-7　近代日本における慶應義塾出身主要林業・鉱業関連事業家一覧

資産額の単位：万円

氏名	生年	出身地	卒業所属	卒業年次	家業(会社)・公職・主要会社役員・当主との関係	資産額		
						1916年頃	1928年頃	1933年頃
久原房之助	1869	大阪	慶應義塾	1889	鉱山業、久原鉱業社長		2,000	2,000
内藤政挙	1850	宮崎県岡富	特選	1890	鉱山業、子爵、慶應義塾在籍	150	550	
清水栄次郎	1870	大阪	理財科	1891	材木商・林業、清水土地植林社長、店は益治郎	120	470	
粕谷貞吉	1870	名古屋	慶應義塾	1892	林業・農業、粕谷縫右衛門の弟、妻は諸戸家	50	150	100
田部熊之助	1872	島根県吉田	慶應義塾	1893	農業、鉱業、田部長右衛門の弟	300	1,000	4,000
松永安左ヱ門	1875	大阪	慶應義塾	1898	石炭・材木商、福松商会			
高橋長七郎	1875	宮城県志津川	特選	1899	農林業、慶應義塾在籍			100
藤田平太郎	1869	大阪	特選	1903	鉱山業、藤田組社長、貴族院議員、慶應義塾在籍	5,000	1,000	
上田源三郎	1879	兵庫県御影	理財科	1903	鉱業・織物業、上田鉱業社長、上田林業社長	70	200	50
古河虎之助	1887	東京	普通部	1903	鉱業、古河鉱業社長、1906年特選塾員、男爵	6,000	13,000	15,000
服部小十郎	1880	名古屋	慶應義塾	1904	材木商、名古屋株式取引所理事長			250
安川敬一郎	1849	福岡県戸畑	特選	1906	鉱山業、慶應義塾在籍、男爵	1,000	1,030	1,300
相澤治一郎	1885	秋田県能代	法律科	1910	材木商、相澤商店合資、秋田木材社長			70
鈴木仁十郎	1887	大阪	理財科	1910	鉱業、電気輸出入業、琴平参宮電鉄取締役		230	
土井左門	1886	三重県尾鷲	理財科	1911	植林業、尾鷲印刷合資代表、土井忠兵衛の弟		250	50
横山登	1887	金沢	理財科	1912	横山鉱業部監事、横山商店、横山章の弟	150		
若林亀之助	1889	東京	理財科	1912	材木問屋、若林保全合資代表	150	220	300
藤田徳次郎	1880	京都	特選	1917	鉱業、藤田鉱業社長、藤田平太郎の弟	500		
藤田彦三郎	1882	神戸	特選	1917	鉱業、藤田組専務理事、藤田徳次郎の弟	500		
九鬼紋七	1895	三重県四日市	理財科	1921	石炭商、九鬼殖産取締役、幼名徳三	110	350	250
村山金之助	1893	秋田県土崎	特選	1926	林業、出羽林業、慶應義塾在籍、後継喜一郎	70	90	150
神田清一	1903	和歌山県串本	法学部	1927	植林業、神田清右衛門の長男	70	120	50
平田富彌	1897	新潟県津川	特選	1929	山林業・漁業・農業、平田豊次郎の長男		200	
大倉喜七郎	1882	東京	特選	1930	大倉組頭取、男爵	3,000	15,000	20,000
鈴木正道	1908	東京	法学部	1932	林業、鈴木保全合資			70
福川陸平	1911	東京	経済学部	1933	山五林業会社、静岡県出身、福川忠平の長男	300		
木下伊平	1907	京都	法学部	1934	山林業、出身は和歌山県	200	300	120
岸英一	1911	山形県金山	経済学部	1934	農林業、岸三郎兵衛の長男	100		300
澤木元吉	1910	秋田県船川	経済学部	1935	森林業、澤木晨吉の孫		80	70

（出所）　表補-6と同じ。

（注）　1942年までに慶應義塾の塾員となり、林業・鉱業関連の家業（会社）の経営に中心となって携わったものを示した（三大財閥は除く）。範囲は創業家の当主の家族で、卒業所属欄の特選は特選塾員。氏名は卒業時ではなく、経営に関わった時期の氏名。資産額は資産家番付における当主家の金額。

九州の筑豊で大規模に石炭採掘を行った安川家も、親族の松本家・幾島家が近代初頭に炭鉱経営を始めたが、幾島家当主が佐賀の乱で戦死したため、慶應義塾で学んでいた安川家当主敬一郎が福岡に戻って、幾島家に代わって松本家とともに炭鉱経営を継続した（中村尚史『地方からの産業革命』）。そして、安川敬一郎は、後に特選塾員に選ばれた。

内藤家は延岡藩主で明

治時代になって子爵を得た家柄であったが、最後の藩主内藤政挙は、1872年8月に慶應義塾に入塾し、同年11月まで在籍した。内藤政挙は旧藩の教育に深く携わり、1873年に延岡で内藤家らの寄付で私学校の延岡社学が設立され、その維持管理費を内藤家が担った。延岡社学は1875年に亮天社と改称され、教師の多くを慶應義塾出身者が占めた。また内藤家は幕末期から採掘していた地元の日平銅山の開発を進め、金属鉱山業者としては、住友家・岩崎家（三菱）・古河家・藤田家などの財閥家族に次ぐ地位を占めた。そして、慶應義塾に在籍した経歴や慶應義塾への貢献が評価されて1890年に特選塾員に選ばれた（小川原正道「福沢諭吉の華族批判」）。

林業家では、大阪の清水栄次郎家が挙げられ、同家は初代栄蔵が阿波国出身で幕末に大坂へ移住して両替業を始めたとされる。二代栄蔵が1883年に大阪で清水銀行を設立し、その息子三代栄次郎は、慶應義塾理財科を91年に卒業すると、家業を材木商へ展開した。栄次郎は、秋田県能代地域の杉材に着目し、能代挽材会社と1902年に大阪での一手販売契約を結んだ。その後、能代挽材会社が能代木材会社・秋田製材会社と合同して秋田木材会社となると、取締役として秋田木材の経営に参画し、秋田木材会社の発展とともに清水栄次郎の木材界における地位が高まった。栄次郎は個人でも各地の林地を取得し、清水植林土地会社を設立して、大規模な植林事業を行った。栄次郎の次男雅も慶應義塾理財科を卒業しており、栄次郎が阪神急行電鉄の役員を務めていた関係で、阪神急行電鉄に入社し、後に同社社長となった（中西聡「近代日本における林産地と林業資産家」）。

第一次世界大戦期になると、都市化とともに木材需要が増大し、林業で大きな収益が上がるようになった。それ以降、林業家の子弟が慶應義塾で多数学ぶようになり、林業と慶應義塾とのつながりが深まった。例えば、1934（昭和9）年に慶應義塾大学経済学部を卒業した山形県金山町の岸英一の生家（岸三郎兵衛家）は、酒造業を営みつつ林地の取得を進め、所有林地に大規模な植林を行って東北地方を代表する林業家となった。その造林面積は1924（大正13）年時点で約1、000町歩となり、第二次世界大戦後の49年時点でも1、405町歩の林地を所有していた。そして英一は、後に当主となり、第二次世界大戦後に、林業家の塾員によって林業三田会が創設された際の中心メンバーとなった。こうした動きを受けて、慶應義塾の財産基盤として、高村塾長が森林資源に着目し、その呼びかけに応じて、慶應義塾出身の林業家が山林を寄付した。その育林を行うために財団法人福澤記念育林会が設立され、現在でも慶應義塾は日本各地に山林を所有している（福澤育林友の会ホームページ https://ikurin.jp）。

6　里の富豪と慶應義塾

里の富豪では醸造家と慶應義塾との関係が深く、それらの家を表補-8で示した。醸造家は、藤田家・久原家・古河家のような巨額の資産家にはならなかったが、地方にバランスよく分布しており、福澤が望んだ地域の産業化の担い手となった。

表補-8　近代日本における慶應義塾出身主要醸造業関連事業家一覧

資産額の単位：万円

氏名	生年	出身地	卒業所属	卒業年次	家業(会社)・公職・主要会社役員・当主との関係	資産額		
						1916年頃	1928年頃	1933年頃
岩崎清七	1864	栃木県藤岡	特選	1890	醤油醸造・穀物商、岩崎清七商店、慶應義塾在籍	80		
伊澤平太郎	1868	仙台	慶應義塾	1891	酒造業、伊澤平左衛門の弟	90	450	500
辰馬利一	1871	兵庫県西宮	慶應義塾	1893	酒造業、恵美須銀行頭取	50	170	150
中埜良吉	1871	愛知県半田	慶應義塾	1895	亀甲富中埜醤油店常務取締役、中埜銀行頭取			50
山崎市治郎		新潟県長岡	慶應義塾	1895	酒造業			50
濱口吉右衛門	1863	東京	特選	1896	醸造問屋、豊国銀行頭取、貴族院議員	500		550
今井雄七	1878	東京	慶應義塾	1897	今井醸造専務、今井商店社長、今井藤七の養子	50	300	200
森六郎	1872	徳島県松茂	特選	1899	藍商、丸久醤油合資、森六商店社長、慶應義塾在籍	120	130	60
土橋源蔵	1876	長野県上諏訪	特選	1899	酒造・醤油醸造業、慶應義塾在籍、後継は四郎	80	100	60
中澤彦吉	1877	東京	特選	1903	酒醤油問屋、中澤保全合名社長、慶應義塾在籍	150		
近藤利兵衛	1886	東京	理財科	1909	麦酒醸造業、近藤商事社長、帝国酒造取締役	300	420	400
岩崎重次郎	1887	千葉県銚子	政治科	1910	醤油醸造業	85		
黄金井為造	1865	神奈川県玉川	特選	1911	酒造業、神奈川県酒造組合長、日本醸造協会理事			60
高橋彌次右衛門	1888	栃木県今市	理財科	1911	醤油醸造業			100
中井新右門	1890	東京	理財科	1914	酒類問屋、中井銀行頭取	500		
肥塚儀三郎	1891	大阪	理財科	1914	酒造業、出身は長崎県、肥塚源次郎の息子	150	230	200
中埜又左衛門	1888	愛知県半田	特選	1917	酢醸造業、中埜酢店社長、中埜貯蓄銀行頭取	100	540	450
小栗敬五郎	1896	愛知県半田	理財科	1921	醤油醸造業・肥料商、萬三商店取締役、三郎の息子	50	200	300
富安重行	1895	福岡県城島	政治科	1922	酒造業、富安合名代表	50	100	150
堀越孝次郎	1899	東京	経済学部	1923	酒問屋業		120	80
茂木房五郎	1893	千葉県野田	特選	1926	醤油醸造業、野田醤油社長	55	70	200
宮本正治郎		水戸	特選	1926	酒造・醤油醸造業		350	
渡部又八	1868	福島県田島	特選	1927	酒造業、田島銀行頭取、田島水力電気社長		70	
菅井與左衛門	1884	千葉県佐原	特選	1928	醤油醸造業	65	80	70
間淵重郎		静岡県浜松	経済学部	1928	醤油味噌醸造業、後継は栄一郎			100
佐々木重兵衛	1898	仙台	特選	1929	仙台味噌醤油社長、東北実業銀行取締役	50	320	60
國分貫一	1907	三重県	経済学部	1930	醸造業、国分商店社長、國分勘兵衛の長男	100	600	800
紅野雄吉		兵庫県西宮	法学部	1932	酒造業、紅野平左衛門の兄の孫	70	100	70
濱口五郎	1912	千葉県銚子	経済学部	1936	濱屋商事代表取締役、兄儀兵衛がヤマサ醤油社長		700	600
茂木新七	1914	千葉県野田	経済学部	1938	醤油醸造業、ヒゲタ社長、濱口吉兵衛の娘婿		200	200

（出所）　表補-6と同じ。
（注）　1942年までに慶應義塾の塾員となり、醸造業関連の家業（会社）の経営に中心となって携わったものを示した。その他は表補-7と同じ。

例えば、仙台の伊澤平左衛門家は代々の酒造家で、家業を1911（明治44）年に伊澤酒造会社として会社化し、仙台焼酎会社や敷島醸造会社などの醸造会社の経営に関わった。金融業でも地元の七十七銀行の頭取を伊澤家当主が務め、宮城植林会社の経営に関わったことで植林事業も熱心に行うことになった。1911年から造林を始めて、30年代に所有山林362町歩の造林を完成させ、宮城県を代表する資産家となった。当主平左衛門の弟平太郎が慶應義塾に入塾して、1891年に卒業しており、当主平左衛門の孫にあたる平勝も1934（昭和9）年に慶應義塾大学法学部を卒業しており、伊澤家と慶應義塾のつながりは深かった。

また、愛知県半田の酢醸造家の中埜又左衛門家は、江戸時代から酢醸造業を営み、本家の中埜半左衛門家や一族の半六家とともに、酢醸造に加えて酒造・醬油醸造へと多角的に展開した。1893年に当主又左衛門の養子になったのが良吉で、良吉は慶應義塾を95年に卒業するとともに、中埜一族が設立した中埜銀行の頭取を務めたり、亀甲富中埜醬油店会社の常務取締役を務めるなど、中埜一族の多角化の経営を担った（『人事興信録（第4版）』）。中埜又左衛門家は、盛田久右衛門家と共同で麦酒醸造業への進出も試み、両家を中心に半田の資産家の出資を得て丸三麦酒会社を設立したが、同社は、1906年に中央資本に買収された（中西聡『資産家資本主義の生成』）。

そして、栃木県藤岡の岩崎家は江戸時代から穀物商兼醬油醸造を営んでいたが、幕末期に現在の茨城県古河に穀物商売の支店を設け、当主の長男（後に清七）は明治時代前期に慶應義塾で学んだ。その清七は1890年に特選塾員に選ばれ、92年に東京市に穀物商の支店を開設した。地元藤岡では、先代清七の養子となった岩崎為三郎が醬油醸造経営を担ったが、為三郎も慶應義塾に入塾して1891年に卒業した。当主清七は、穀物商売の関係で1906年の帝国製粉会社設立に参画して取締役となり、帝国製粉が日本製粉会社に合併されたことで、その後日本製粉の経営に関与し、20年代は日本製粉会社社長となった。

紀伊国有田郡広村の出身の濱口家も慶應義塾と関係が深く、濱口家は長男の吉右衛門家と次男の儀兵衛家に分かれ、儀兵衛家は17世紀末に現在の千葉県銚子へ進出して醬油醸造業を営み、吉右衛門家は江戸で醬油問屋を営んだ。また明治時代に吉右衛門の弟吉兵衛が吉右衛門家から分家して銚子で醬油醸造業を営み、儀兵衛家の醬油醸造経営（ヤマサ醬油）は1906～13（大正2）年は濱口合名会社に引き継がれた。濱口合名会社は、吉右衛門家を中心としており、この時期は吉右衛門家も醬油醸造経営に関わった。濱口一族と慶應義塾との関係では、7代濱口儀兵衛の息子擔が慶應義塾に入塾して1891年に卒業したのが最初である。濱口吉右衛門も慶應義塾に在籍しており、1896年に特選塾員に選ばれた。その次の代は、吉右衛門とその兄の祐三はともに慶應義塾大学出身で、祐三は1933年、吉右衛門は36年にいずれも経済学部を卒業した。また、儀兵衛の弟の五郎も1936年に慶應義塾大学経済学部を卒業しており、濱口吉兵衛の娘婿となって吉兵衛家の醬油醸造経営（ヒゲタ醬油）を引き継いだ茂木新七が38年に慶應義塾大学経済学部を卒業したことも合わせて、濱口一族と慶應義塾との関係は非常に密接であった（中西聡『資産家資本主義の生成』）。

7　慶應義塾とローカル・リーダー

このように、地方資産家が、家族を慶應義塾などの東京の高等教育機関で学ばせて、彼らが郷里へ戻って家業を発展させ、地域の産業化にも貢献した。もっとも、明治時代は当主の嫡男が東京へ行くのではなく、次三男や分家の子弟が慶應義塾へ進学した事例が多かった。表補-6に戻って北前船主家をみると、寺崎常五郎は北前船主の寺崎家の分家で、野村亀太郎は第Ⅱ部第1章2節で取り上げた北前船主の野村治三郎の甥であった。廣海幾太郎は廣海家当主の従弟で、西出季吉が西出家当主の弟であったように、いずれも北前船主家の嫡男ではなく、いずれ家を出ることになる彼らは、新しい風を北前船主家へ吹き込む役割を担った。ところが、大正時代になり、有力家の子弟が大学で学ぶことが一般化すると、後の右近権左衛門、後の廣海二三郎、後の南嶋間作、馬場正治など、当主の嫡男が慶應義塾へ進学するようになった。

最後に、再び福澤諭吉の演説に戻ろう。福澤は1892（明治25）年11月に慶應義塾商業倶楽部で次のような演説を行った（小川原正道編『独立のすすめ　福沢諭吉演説集』）。

この商業倶楽部は世間に知る者なけれども、本塾学生の中にて各地方農商の子弟が、在塾中互に相識るを好機会とし、学余の時を偸んで実業の要を取り調べ、互いにその知る所を語り、または書についてこれを求め、切磋琢磨の間に相識の情を厚くし、業成り家に帰る後は長く旧友の好を存し、互いに気脈を通じて利益を得んとするの目的にして、老生の最も賛成する所なり。（中略）父母祖先の恩沢に浴すること厚き身分なれば、その遺産を大切にして守るべきは無論、なお進んで経営してますます家道の隆盛を謀るこそ子孫たる者の本分なれ。すなわち諸君が今日倶楽部結合の挙あるも、その目的はこの辺りにあることならんと老生のあえて信ずる所なり。（後略）

慶應義塾の学生のうち、地方富豪の子弟が相互に連携し、実業について研究するのが慶應義塾商業倶楽部で、同倶楽部のメンバーは、家業を継いでそれを発展させ、地元の人々から尊敬を勝ち取り、「文明の先達」にならねばならないと福澤は説いた。これを体現してきたのが、本補章で取り上げた「ローカル・リーダー」たちであった。

終章　北前船と日本経済

1　北前船と商品市場

これまで述べてきたように、北前船は、船主が商業も兼ねることに特徴があり、特に、地域間の価格差を利用して遠隔地間の取引を活発に行うことで大きな利益を上げた。そうした北前船の活発な活動により、日本の国内市場は拡大し、その点で北前船は、商品市場の発達に大きく貢献したといえるが、大きな地域間価格差が残っているところに北前船が殺到することで、そこでの北前船の積荷買入れ価格が上昇し、販売地との地域間価格差は縮小することとなった。つまり、北前船は自らの経営基盤を掘り崩しながら活動を活発化させ、結果的に近代に入り、汽船網・電信網の整備によって、情報が速やかに伝わるとともに大量・迅速に物流が行われるようになることで地域間価格差が縮小するに至り、その活動を終えた（中西聡『海の富豪の資本主義』）。

このように北前船の活動は、自己犠牲的精神で日本の商品市場を発達させたことになるが、商品市場の近代化の側面では、もう一つの重要な役割を北前船は果たしていた。すなわち、北前船は運賃積船と異なり、自ら取引する港を選択でき、場合によっては積荷を売買する相手も自由に選択できた。

特に、中小の北前船主は小回りのきく中規模の北前船で中小の港にも回航し、そこでは問屋のみでなく生産者から直接積荷を買い入れたり、消費者へ直接積荷を販売することも行われた。

こうした北前船の自由な取引活動は、株仲間の存在などにより、取引相手が固定された商品市場を流動化させることになり、生産者や消費者にとっては取引相手が多数になることで、生産者が生産物を不当に安く買い叩かれたり、消費者が不当に高いものを買わされたりする可能性が減少した。むろん、特権的な仲間商人もこうした北前船の活動に対抗するために、仲間同士の継続的な取引関係を結んだり、仲間で規約を結んでそれを破った仲間への懲罰を行うなど、いろいろな対抗措置をとったが、北前船のような買積船の活動が活発化する以前に比べると、独占的な行動は取りにくくなった。

それにより、商品市場での取引が力関係で恣意的に決まるのではなく、売り手と買い手の交渉による純経済的関係で取引価格や取引量が決まるようになり、質的にも商品市場を近代化させることに北前船は大きな役割を果たした。とはいえ、北前船の輸送力は汽船に比べると小さく、また電信網の発達で遠隔地間の情報が速やかに伝わるようになると、遠隔地間の商人が北前船を介さずに直接取引して、商品を汽船運賃積で運ばせるようになった。その結果、20世紀初頭には、北前船主の多くは廻船経営から撤退し、買積経営を継続した船主も比較的大きな地域間価格差が残された北海道産物を専ら扱った。つまり、北前船は江戸時代後期から明治時代の社会の変革期に、過渡的な存在として商品市場を近代化する役割を担い、その使命を終えるとともに北前船そのものも衰退したといえる。しかし、北前船が衰退しても北前船主は、北前船経営で蓄積した資産でその後の日本経済に大きな役割を果たすことになった。その点を、以下金融市場と資本市場の面で見ていきたいと思う。

2　北前船と金融市場

表終-1を見よう。1916（大正5）年に刊行された日本の資産家番付から、日本の大資産家の分布を示すと、当時500万円以上の資産を所有した家が約130家、100万円以上の資産を所有した家が約770家、50万円以上の資産を所有した家が約2200家存在していたと推定される。そのうち北前船主で500万円以上の資産を所有していたと推定されるのは、石川県の廣海二三郎家・大家七平家、富山県の馬場道久家、福井県の右近権左衛門家の4家で、いずれも汽船経営に展開した北陸の大規模北前船主であった。その一方で、汽船経営に展開せずに廻船経営から撤退した北前船主も、資産額50万円～200万円の間にかなり存在しており、北前船経営時代の資金蓄積の多さを物語っている。これらの有力北前船主が、近代期に多くの会社経営に関係したことを表終-2で示した。この表では、1880年代～1900年代という日本で「企業勃興」および産業革命が生じた時代に北前船主が経営のトップとして活躍した銀行・諸会社を示したが、銀行の多さが注目される。特に、北前船主は日本海沿岸地域という地方に拠点を置いており、こうした地方での銀行経営に北前船主らが大きく関与した。

表終－1　1916年大資産家の階層別分布と北前船主

戸数の単位：戸

資産額区分	戸数	北前船主
5,000万円以上	18	
1,000万円以上	37	廣海二三郎（石川）
500万円以上	74	馬場道久（富山）、大家七平（石川）、右近権左衛門（福井）
300万円以上	80	
200万円以上	108	藤野四郎兵衛・隆三（滋賀）
100万円以上	451	野村治三郎（青森）、秋野光廣（山形）、斎藤喜十郎（新潟）、西出孫左衛門（石川）、久保彦助（石川）、大和田荘七（福井）、中村三之丞（福井）
50万円以上	1,433	村山金十郎（秋田）、木津太郎平（富山）、平能五兵衛（富山）、米田元次郎（富山）、菅野伝右衛門（富山）、畠山小兵衛（富山）、平出喜三郎（石川）、米谷半平（石川）、忠谷久次郎（石川）、森田三郎右衛門（福井）、山本伝兵衛（福井）、瀧田清兵衛（兵庫）
計	2,201	

（出所）「全国五十万円以上資産家表」（前掲渋谷隆一編『大正・昭和日本全国資産家・地主資料集成』第1巻）より作成。

（注）1916年の資産家番付より、日本全国の50万円以上の資産家数を示し、そのうち北前船主であったものを挙げた。船主名の後ろの括弧書きは北前船経営を行っていた時期の出身県。

北前船主が銀行に関心を持った背景には二つの面が指摘できる。まず北前船主は、輸送手段を持っていたことを活かし、江戸時代から遠隔地間の手形決済を行っていた。一般に、遠隔地間取引では、現金輸送のリスクが高いため、手形による決済が進展すると考えられるが、江戸や大坂のように両替商が発達した大都市ではなく、両替商があまり存在していない地方の湊町では、手形決済を北前船主のような遠隔地間商人が商人為替として直接担うことが多かった。こうした江戸時代からの金融面での北前船主の役割が、明治時代に銀行制度が広まるなかで彼らが銀行設立に積極的に関与した背景にあったと考えられる。

また、北前船主そのものが蓄積した資金力を活かして、銀行設立以前から地域社会のなかで金融業務を行っていたことも彼らが銀行設立に積極的

表終−2　北前船主が頭取・社長・専務（常務）取締役の銀行・諸会社

銀行名	所在	頭取の北前船主
青森県農工銀行	野辺地	野村治三郎
野村銀行	野辺地	野村治三郎
新潟商業銀行	新潟	斎藤喜十郎
新潟貯蓄銀行	新潟	斎藤庫吉
宮川銀行	宮川	本多政三郎
柏崎銀行	柏崎	牧口荘三郎→牧口義方
柏崎貯金銀行	柏崎	牧口義方
積善銀行	梶屋敷	井上半重郎
第四十七銀行	富山	森正太郎
岩瀬銀行	東岩瀬	馬場道久
高岡銀行	高岡	正村平兵衛→菅野伝右衛門
高岡共立銀行	高岡	馬場道久→木津太郎平
高岡貯金銀行	高岡	菅野伝右衛門
新湊銀行	新湊	南嶋間作
新湊貯蓄銀行	新湊	金木喜三
伏木銀行	伏木	堀田善右衛門
七尾銀行	七尾	津田嘉一郎
熊木銀行	中島	室木彌八郎
第十二国立銀行	金沢	木谷藤右衛門
美川銀行	美川	永井正三郎
米谷銀行	小松	米谷半平
森田銀行	三国	森田三郎右衛門
三国貯金銀行	三国	森田三郎右衛門
敦賀銀行	敦賀	山本伝兵衛→山下五右衛門
大和田銀行	敦賀	大和田荘七
久二貯金銀行	敦賀	大和田荘七
小浜銀行	小浜	志水源兵衛
若狭銀行	小浜	古河久太夫
小浜貯蓄銀行	西津	古河久太夫
八幡銀行	八幡	西川貞二郎
第四十二国立銀行	大阪	右近権左衛門
大阪商業銀行	大阪	右近権左衛門
新栄銀行	豊岡	瀧田清兵衛
豊岡貯金銀行	豊岡	瀧田清兵衛
美含銀行	香住	宮下仙五郎

会社名	所在	社長・専務取締役の北前船主
小樽倉庫	高島	町野清平
加越能開耕	小樽	林清一
魚菜	函館	忠谷久蔵
函館塩販売所	函館	平出喜三郎
伊東商会	青森	野村治三郎
越佐汽船	新潟	斎藤庫吉
岩瀬汽船	東岩瀬	馬場道久
岩瀬商行合資	東岩瀬	米田六三郎
岩瀬水産合資	東岩瀬	米田六三郎
岩瀬商会合名	東岩瀬	宮城彦次郎
高岡紡績	高岡	菅野伝右衛門
高岡電灯	高岡	菅野伝右衛門
高岡魚業	高岡	平能五兵衛
高岡肥料合資	高岡	木津太郎平
越中製綿	佐野	平能五兵衛
新湊汽船	新湊	南嶋間作
新湊水産合資	新湊	南嶋間作
越中商船	伏木	馬場道久
北陸通船	伏木	藤井能三
伏木煉瓦	伏木	藤井能三
中越運輸合資	伏木	藤井能三
北陸人造肥料	伏木	森正太郎
木谷醬油	金沢	木谷藤右衛門
敦賀対北	敦賀	大和田荘七
敦賀外国貿易汽船	敦賀	大和田荘七
大和田炭鉱	敦賀	大和田荘七
若狭漆器	小浜	古河勘三郎
上中井製糸合資	口名田	志水源兵衛
日本海上保険	大阪	廣海二三郎→右近権左衛門
中央生命保険	大阪	浜中八三郎
東英航業	大阪	浜中八三郎
関西潜水作業合資	大阪	浜中八三郎
大阪火災海上運送	大阪	右近権左衛門
日本精米	神戸	木谷吉次郎

（出所）　前掲由井常彦・浅野俊光編『日本全国諸会社役員録』全16巻より作成。

（注）　1880年代～1900年代までの銀行・諸会社について示した。銀行の行主や合名・合資会社の業務担当社員などになった場合も示した。府県庁所在地以外の所在地を府県と対照させると、函館・小樽・高島は北海道、野辺地は青森県、宮川・柏崎・梶屋敷は新潟県、東岩瀬・高岡・佐野・新湊・伏木は富山県、七尾・中島・美川・小松は石川県、三国・敦賀・小浜・西津・口名田は福井県、八幡は滋賀県、豊岡・香住は兵庫県。北前船主欄の→は、北前船主の間で頭取・社長・専務取締役が交代した場合。なお、北前船主欄には、当主家の一族の分家などを示した場合もある。

であった背景にあると考えられる。実際、前述の表終−1に上げられた有力北前船主の資産額は、地方銀行の資本金をかなり上回るものであり、青森県の野村家、福井県の大和田家・森田家など家として行っていた金融業をもとに個人銀行を設立した北前船主も存在していた（中西聡『資産家資本主義の生成』）。その意味で、大都市ではなくむしろ地方での資金需要に北前船主の資金力が大きな役割を果たしていたと考えられる。

3　北前船と資本市場

そして北前船主は銀行のみでなく、それ以外の諸会社の経営者や出資者としても日本経済に貢献した。もっともそのあり方は、各北前船主の存在形態によってかなり異なった経路を辿った。

まず、近代初頭に自ら創業のリスクをおって会社設立・経営を行った北前船主として旧金沢藩領域の船主らを挙げることができる。江戸時代後期に幕藩権力とある程度結びついて御用を引き受け、遠隔地間交易で資金蓄積を進めた大規模北前船主は、地方有力資産家として、近代初頭の会社設立の担い手として各地で期待されていたと考えられる。

旧金沢藩領でも近代初頭に新しく銀行を設立する際に、江戸時代の御用商人で領内の有力資産家であった木谷藤右衛門・藤井能三・宮林彦九郎などの北前船主が頼られ、彼らが金沢為替会社や第十二国立銀行の出資や経営の中心的担い手となった。また、彼らは銀行のみでなく北陸通船会社などの海運会社なども設立して経営したが、１８８０年代前半の松方デフレの時期に経営が破綻してしまった。

当時はまだ商法が制定される以前であったため、株式会社の有限責任の認識が広まっていなかったため、経営者であった北前船主は家産を処分して会社に対する債権者に補償し、かなりの損失を被った。そのため、彼らは１８９０年代日本の本格的「企業勃興」期に、積極的に会社設立に貢献することはできなかったが、それ以前の日本において先駆的に会社制度を日本に普及させる役割の一端を果たした。もっとも、そのことは明治時代前期に日本各地で進んだ「企業勃興」が定着するには、商法制定による株式会社の有限責任認識の普及が必要であったことも同時に示していた。

江戸時代以来の御用北前船主が、松方デフレ期に大きく家産を失った一方で、江戸時代以来の北前船主のなかでも幕藩権力から相対的に自立していた新興の北前船主が、20世紀初頭に廻船経営から撤退するなかで、廻船経営からの資金蓄積を新たな銀行や諸会社に投資するようになった。もう一度表終-2に戻ろう。その場合、北前船主らが主に経営を担った会社は銀行以外では運輸会社・保険会社が多く、製造業部門への投資は少なかった。

例外的に、富山県高岡の菅野伝右衛門が高岡紡績会社を設立し、綿紡績業を中心とした産業革命が富山県でも進展する可能性があったものの、当時の富山県で大規模紡績会社が定着するまでの綿糸需要がなく、高岡紡績の経営規模はそれほど拡大せず、それに続く紡績会社の設立も見られなかった。そのことが、日本海沿岸地域では大会社による工業化が遅れた背景にあったと考えられ、北陸地域では織物業などの中小工場による工業化が進むことになった。その一方で、北陸地方では土地経営を大規模に行う北前船主も多く、日本海沿岸地域の農業部門の比重は高いまま推移することとなった。

こうした日本海沿岸地域の大規模工業化の遅れは、日本海沿岸地域が一時期「裏日本」と呼ばれる背景ともなり、マイナスイメージで捉えられることが多いが、逆に現代のように工業に特化した地域で自然環境破壊が急速に進んだ現状を考えると再評価の余地が大きい。

つまり、日本海沿岸地域は、工業に特化するのではなく、農業・工業・商業をバランスよく展開させたことにより、自然環境の維持とある程度の生活水準の上昇の折り合いをつけつつゆるやかな経済成長を遂げたと考えてみたい（中西聡『海の富豪の資本主義』）。

実際、住民の幸福度を経済成長率ではなく別の指標で図ろうとする動きが近年見られるようになったが、一世帯あたりの平均所得や持ち家率、一人あたりの居住面積で北陸地方が上位に位置することが知られている。北陸地方の北前船主は、廻船経営撤退後も土地経営・醸造経営などで農業との強い関連を持ち続けた船主が多かった。こうした北前船主の家業維持と複合経営の志向性に支えられて、米・海産物そして織物などの生産とその流通・売買という第一次・第二次・第三次産業間のバランスのとれた産業構成で、生活の豊かさを目指す道の可能性を北陸地方に見てとれると思われる。

4　北前船再考――近代になって発展した北前船

本書の最後に、こうして見てきた北前船の残した基盤をもとに北前船をもう一度近代日本の歴史のなかに位置づけ直したいと思う。北前船の活躍した19世紀は、前近代社会から近代社会への転換期にあたり、江戸時代に蔑視されてきた利益追求の発想が正当化され始めた時代であった。そのなかで海運業において、江戸時代の大船建造禁止令の制約のなかで、和船1隻あたりの収益を極限まで高めようとした船が北前船であったと考えられる。

積荷をできるだけ多く積めるようにした船型、船主の所有する荷物を主に積んで商業活動を行ったこと、地域間価格差の大きい日本海航路を主な活動の場としたことなど北前船の特徴は、高収益を追求するための工夫の産物であった。近代に入り、造船制限令がなくなり、欧米から汽船技術が導入されると、和船にこだわる必要はなくなった。ただし、大型汽船の定期航路輸送に適した大量輸送需要がまだ広範には存在していなかった明治時代前期においては、船の建造コストからみて、安価な建造コストで比較的高収益を得られた北前船は汽船運賃積に対して十分な競争力を持っていた。

その結果、明治時代に多くの北前船主が資金蓄積に成功して、日本海沿岸地域に多くの有力資産家が登場した。一般に、北前船は江戸時代に活躍した廻船とのイメージが強いが、実際の北前船は明治時代になってからさらに発展した。確かに江戸時代後期には、幕藩権力と結んで御用商売・御用輸送で資金蓄積を進め、大規模船主となった御用北前船主が活躍していた。しかし、その御用を引き受ける代わりに北前船主らが負担した御用金はかなり巨額であり、また彼らの多くは松方デフレ期に家産の多くを失ったため、明治時代に廻船経営を発展させることはできなかった。

それに対し、江戸時代以来の北前船主であったものの、江戸時代はそれほど経営規模が大きくなく、幕藩権力から相対的に自立していた北前船主が、廃藩置県により幕藩体制による活動の規制がなくなるとともに、廻船経営を発展させることになった。後に、汽船経営に展開し、前述の表終-1で資産額500万円以上の大資産家として上げられた北前船主は、いずれもこのタイプに相当する。その際、彼らが廻船経営を発展させることができたのは、明治時代に北海道が本格的に開発され、北海道で新たに広大な市場が形成されたからであった。そのため、明治時代に廻船経営を発展させた北前船主はいずれも北海道へ積極的に進出して、北海道産物を主に扱うことになった。その意味で、「北前船」という語感に相応しくなったのは、明治時代の北前船であったといえる。

むろん、北前船主のみでなく明治時代前期に新たに登場した大資本の三井・三菱も北海道に進出し、北海道産物をめぐり北前船主らと競争することとなった。そして中央の大資本により定期汽船網が整備されるとともに、買積船形態の北前船の活動領域はかなり狭められることとなった。しかし、汽船による国内遠距離海運網の発展が、地域内あるいは地域間の海運市場を新たに創り出し、帆船輸送の活動領域を拡大した側面もあった。不特定多数の荷主と輸送品を相手とする定期汽船航路や鉄道等の輸送網の定着には、ある程度まとまった輸送品が恒常的に存在することが必要で、輸送量がそこまでいかない段階では、取引相手と積荷をある程度限定し、取引量は少ない代わりに高い利益率を目指す買積経営が合理的な場合もあった。実際、日本海沿岸地域では鉄道網の整備が遅れ、定期汽船航路の整備とともにその寄港地と周辺諸港を結ぶ地域間海運市場の拡大が見られ、そこに参入した新興の船主は、西洋型帆船を所有して買積経営を行っていた。

それら買積船主は、日本海沿岸地域で1900年代に開港場が増大すると、国内の定期汽船寄港地との輸送のみでなく、自ら帆船による日本海対岸の朝鮮半島との交易に乗り出し、そうした動きを受けて例えば北前船主の大家七平は、日本の日本海沿岸と日本海対岸のロシア・朝鮮とを結ぶ日本海一周定期汽船航路を20世紀初頭に開設するに至った（補章1）。そして北海道でも、日露戦争の結果、日本が南樺太を領有することになるとともに北海道・樺太間の流通が盛んになるとともに多くの北前船主が北洋漁業に進出することになり、こうした日本と樺太・ロシア・朝鮮をつなぐ帆船船主の活動の活発化により、1910・20年代の日本は、「日本海時代」（『北日本汽船株式会社二十五年史』）を迎えることになったのである。21世紀に入り、中国・韓国・台湾など東アジア諸国の経済成長のなかで再び東アジア地域の一員としての日本の立つ位置が重要となっている。その点で、北前船の存在が再び見直される時期がきているといえよう。

初出一覧

序　章　新稿

〈第Ⅰ部〉

第１章　場所請負制と北前船　新稿

第２章　北海道漁業と北前船

中西聡「北前船と北海道漁業」（財団法人北海道東北地域経済総合研究所機関誌『NETT』69号、2010年春、26-29頁）をもとに改稿

〈第Ⅱ部〉

第１章　東北地方の北前船主

中西聡「北前船と東北日本海沿岸地域」（財団法人北海道東北地域経済総合研究所機関誌『NETT』71号、2010年秋、32-35頁）をもとに改稿

第２章　越後・佐渡の北前船主

中西聡「北前船と新潟県地域経済」（財団法人北海道東北地域経済総合研究所機関誌『NETT』72号、2011年冬、28-31頁）をもとに改稿

第３章　越中の北前船主

中西聡「越中廻船と北海道経済」（財団法人北海道東北地域経済総合研究所機関誌『NETT』73号、2011年春、36-39頁）をもとに改稿

第４章　能登半島の北前船主

中西聡「能登半島と北海道経済」（財団法人北海道東北地域経済総合研究所機関誌『NETT』74号、2011年、44-47頁）をもとに改稿

第５章　加賀の北前船主

中西聡「加賀廻船と北海道・東北経済」（財団法人北海道東北地域経済総合研究所機関誌『NETT』75号、2012年冬、30-33頁）をもとに改稿

第６章　越前・若狭の北前船主

中西聡「越前・若狭廻船と北海道・東北経済」（財団法人北海道東北地域経済総合研究所機関誌『NETT』76号、2012年春、32-35頁）をもとに改稿

第７章　北近畿地方の北前船主　新稿

第８章　山陰地方の北前船主　新稿

〈第Ⅲ部〉

第１章　瀬戸内地方の廻船問屋　新稿

第２章　畿内地方の廻船問屋　新稿

補章１　汽船海運業と北前船主　新稿

補章２　鉱山業と北前船主　新稿

補章３　慶應義塾と北前船主　新稿

終　章　新稿

あとがき

子供の頃から鉄道ファンであった私にとって、船といえば「鉄道連絡船」であった。それはまさに「鉄」の船であった。ところが、大学生になって北海道の研究を始めたことで、私は木造の北前船に興味をもつようになった。私は大学のゼミを選ぶ時に、もともと幕末維新期に関心があったため、歴史のゼミを選び、幕末維新の動乱のなかで勝者の薩摩・長州の側よりもむしろ敗者の徳川幕府の側に親しみを覚えた。特に、徳川幕府の側で、箱館まで逃れて「官軍」に最後まで抵抗を続けた榎本武揚軍に興味をもったが、その興味は、箱館戦争よりもむしろ「官軍」に降伏した後に、榎本武揚がどのような生き方をしたかに向けられた。私が中学生の時の社会科の副教材に、初代内閣の一覧表が掲載されており、そこに逓信大臣として榎本武揚が挙げられ、他の閣僚が薩摩・長州出身者が多かったのに対し、一人だけ幕臣出身と記されていた。榎本武揚の氏名は、その頃から私の頭のなかに不思議な存在としてインプットされていたのである。

幕府側で最後まで「官軍」に抵抗したのであるから、降伏後はたとえ命を永らえても、新政府のもとで隠遁生活を送ると考えられるが、榎本武揚の場合は、断罪を覚悟しながらも降伏後の投獄生活のなかで、一緒に投獄されたメンバーとともに猛勉強を続け、釈放後は、猛勉強を続けたメンバーらとともに開拓使に出仕して、北海道開拓のために力を尽くした。その後、榎本は、その豊かな知識を見込まれて対ロシア全権公使に抜擢され、日露交渉に臨み、中央政界に復帰して大臣を歴任するようになったが、そのために後に福澤諭吉からも批判を受けたようである（ただし福澤諭吉は、維新政府に対して榎本武揚の助命歎願に力を尽くした（小泉信三「瘠我慢の説と栗本鋤雲」））。

しかし、榎本の生き方に私は大いに共感した。江戸時代の武士の置かれた状況を考えると、主君に殉じて死を選ぶことが武士道と考えられていたように思われる。しかし、榎本は、結果的に降伏を選び、敗北を受け入れつつ、おそらく死よりもつらい生を選んだ。そして断罪を予感しながらもなお、仲間と牢内で勉強会を続け、後に人材を残そうとした榎本に、私は、「敗者の美」を感じた。

さて、榎本武揚の影響で近代北海道の研究を始めた私は、明治時代の北海道の産業のなかで漁業が圧倒的比重を占めており、そこでの代表的な漁獲物が魚肥として本州・四国などの農村で使用され、日本農業を支えていたことを知った。その北海道産魚肥がどのようにして本州・四国へ運ばれたかということに興味を持ち、北前船と出会うこととなった。

そして北前船研究の第一人者であった牧野隆信氏の著書から学ぶうちに、北前船は近代に入って本当に衰退したのだろうかとの素朴な疑問が生じた。それまでの北前船研究では、北前船は江戸時代後期から近代初頭に活躍し、明治時代になり汽船網が定着するにつれて衰退していったと位置付けられていた。しかし、榎本武揚が牢内の学習で豊かな知識を身に付け、新政府のなかで活躍するようになったように、北前船主も幕末維新の激動のなかで何らかの学習をして、明治時代の日本の近代化・産業化に重要な役割を果たしたのではないかと考えたのである。

そこで注目したのが、1887（明治20）年に石川県南部・福井県の北前船主らが中心となって結成された「北陸親議会」であった。北陸親議会加盟の船主らは互いに協調行動をとることで新たに北海道産魚肥取引に進出した三井物産に対抗した。どのように対抗したかは、本文に記したが、その結果、三井物産を北海道産魚肥取引から撤退させ、中小の船持商人が協力して巨大商社に勝利したことになった。その他の北前船主らも、定期汽船が寄港しない中規模の港湾を主な取引港とするなどいろいろな工夫をして、三井物産や日本郵船などの近代的巨大勢力と対抗していた。

近代日本における電信網・汽船網の整備のなかで、長い目で見れば北前船の利益基盤である地域間価格差は縮小し、北前船は次第に衰退していったものの、そのなかでは、中小の担い手が巨大な勢力に対抗するための様々な知恵と工夫が発揮されていた。130年ほど前の歴史のなかに、これからの時代につながる「生き抜くため」のヒントがあることを、読者の方々に伝えることができればうれしく思う。しかも、北前船主らは、商業活動で得た資金を、会社設立や有価証券投資などに向けることで、近代日本の産業化にも大きな役割を果たした。地域経済や地域社会に北前船主らが築いた生活のための基盤をもとに、日本海時代が再び訪れることを心から願っている。

本書作成のために、多くの史料所蔵者の皆様や史料所蔵機関、そして全国各地で北前船の研究を進めておられる方々にお世話になった。心より感謝申し上げたい。また、本書の第Ⅰ部および第Ⅱ部第1～6章は、私が財団法人北海道東北地域経済総合研究所機関誌『ＮＥＴＴ』に連載したものをもとにしている。連載の機会を与えていただき、それをもとに本書を著すことを認めて下さった一般財団法人北海道東北地域経済総合研究所にも、御礼を申し上げたい。そして、本書では、原資料として、廣海二三郎家資料、神戸大学海事博物館所蔵資料および京都府立丹後郷土資料館所蔵資料の図版を使用させていただいた。使用を認めて下さった廣海和子様、橋本滋子様、神戸大学海事博物館および京都府立丹後郷土資料館にも心より感謝申し上げたい。なお、本書は２０２１（令和３）年11月に刊行された２訂増補版本に補章３などを加えて、さらに文章の表記を全体を通して改めた３訂増補版である。本書３訂増補版の刊行に際して大変お世話になった交通研究協会と成山堂書店にも、末尾ながら厚く御礼を申し上げたい。

２０２３年10月

中　西　　聡

索　　引

《ナ行》

北前船関係史料案内

＊文献の発行所と刊行年および県市町村史の著者・編者は参考文献一覧を参照
＊史料所在情報は、筆者が実際に閲覧した史料のほかに、史料所蔵機関のホームページや史料目録で確認できたものを示した。

（1）北海道

北海道で、北前船に関する史料は、場所請負人関係の史料群に含まれることが多い。主な場所請負人の史料としては、升屋佐藤家文書が北海道大学附属図書館、住吉屋西川家文書が小樽市総合博物館に所蔵されている。

このなかで、西川家は、本文で述べたように大規模に手船を所有しており、中西聡『海の富豪の資本主義』第1章が取り上げた。西川家文書はその一部が『松前町史』史料編第3巻で活字にされて紹介されており、田端宏「場所請負制度崩壊期に於ける請負人資本の活動」などが西川家文書を分析した（同家文書については滋賀県の項も参照）。佐藤家は、手船を所有しておらず、場所産物は北前船主と帆用取組を行うことで、請負場所から松前城下まで輸送したと考えられる。また場所請負人の竹屋林家文書の一部が『余市町史』第1巻資料編1で活字にされて紹介されている。帆用取組の内容については本文を参照していただきたい。また近年、高野宏康氏が小樽・後志地域の北前船関連の遺産について発表されている（高野宏康「北前船と小樽」など）。

なお、西川家と並ぶ大規模場所請負人であった栖原角兵衛家に関する史料は、複数の機関に分散して残されており、田島佳也『近世北海道漁業と海産物流通』第1章や加納信美編著『仄聞　栖原角兵衛家』が栖原家の歴史をまとめた。

松前城下（福山湊）・江差湊・箱館湊の主要三湊の廻船問屋の史料では、江差湊の関川家文書が充実しており、旧檜山爾志郡役所に所蔵されている。関川家文書の一部が『江差町史』資料編第1・4巻で活字にされて紹介されている。そして同じ江差湊の廻船問屋甲屋の「間尺帳」が、『江差町史』資料編第1巻で活字にされて紹介されている。また、函館に店を設けた石川県橋立の北前船主酒谷家の史料および近江国出身で幕末期に北海道へ移住して廻船経営を行った西澤弥兵衛家の史料が市立函館博物館に所蔵されており、その文書目録や内容が『市立函館博物館研究紀要』に紹介されている。

（2）青森県

青森県の代表的な北前船主は、野辺地の野村治三郎家と野坂勘左衛門家であり、両家の史料は主に野辺地町立歴史民俗資料館に所蔵されている。両家の史料のうち一部は、『野辺地町史』資料編第6・7・9集で活字にされて紹介されている。また野辺地町は復元北前型弁才船「みちのく丸」を所有・展示している。野村治三郎家文書の一部は、マイクロフィルム資料として丸善雄松堂株式会社から発売されている（「近世の廻漕史料」）。野村治三郎家については、中西聡『海の富豪の資本主義』第3章が、野辺勘左衛門家については中西聡「明治期日本における流通構造の変容と海運業者」がそれぞれ取り上げた。また、青森湊の代表的な廻船問屋であった瀧屋伊東家の史料もマイクロフィルム資料として丸善雄松堂株式会社から発売されている（「近世の廻漕史料」）。

（3）秋田県

秋田県には有力な北前船主は存在していなかったと考えられるが、秋田城下の湊であった土崎湊の廻船問屋の史料が残されている。特に、小宿であった松本家の文書が多数残されており、マイクロフィルム資料として丸善雄松堂株式会社から発売されている（「近世の廻漕史料」）。土崎湊の廻船問屋では、間杉家の史料がマイクロフィルム資料として丸善雄松堂株式会社から発売されている（「近世の廻漕史料」）。

（4）山形県

山形県の代表的な北前船主である加茂湊の秋野家は、海運経営と地主経営を行っており、同家の地主経営について、阿部英樹『近世庄内地主の生成』が論じている。また、加茂湊の代表的な廻船問屋であった長澤家の史料がマイクロフィルム資料として丸善雄松堂株式会社から発売されている（「近世の廻漕史料」）。そして酒田湊の代表的な廻船問屋の鐙屋鐙谷家や油屋尾関家の史料もマイクロフィルム資料として丸善雄松堂株式会社から発売されている（「近世の廻漕史料」）。酒田湊沖の飛島には多くの廻船問屋が存在しており、それらについて、長井政太郎『飛島誌』、同『山形県交通史』などで紹介されている。

（5）新潟県

新潟県の代表的な北前船主である鬼舞の伊藤助右衛門家の史料は、同家に残されており、中西聡『海の富豪の資本主義』第4章が取り上げている。それ以外の北前船主のまとまった史料群は管見の限りでは判明していないが、新潟市が同市出身の北前船主小澤家の旧宅を整備・公開しており、小澤家文書を新潟市が所蔵している。小澤家文書の量は少ないようであるが、川村晃正「明治初年新潟小澤家の北前船ビジネスの一齣」で紹介されている。なお近世期の新潟町の有力な商家について小村弌『近世日本海海運と港町の研究』が取り上げている。また出雲崎湊にも、熊木屋・泊屋などの廻船問屋が存在し、泊屋佐野家文書は新潟大学附属図書館、熊木屋文書は出雲崎町教育委員会にそれぞれ所蔵されている。なお、熊木屋・泊屋の「客船帳」は、『出雲崎町史』海運資料集（1）～（3）で活字にされて紹介されている。

（6）富山県

富山県の北前船主の輩出地は、富山城下の外湊であった東岩瀬地域と、富山県西部の代表的湊であった伏木湊地域であるが、東岩瀬地域の有力北前船主の宮城家・畠山家の史料が、高瀬保『加賀藩の海運史』で紹介されている。また東岩瀬最大の北前船主であった馬場家は、汽船経営に展開し、その歴史が『馬場海運史』にまとめられており、旧馬場家住宅が公開された。東岩瀬では北前船主の旧森家住宅も公開されている。富山では、北前船のことを「バイ船」と一般的に呼ばれていたとのことで、「バイ船」研究を進めるために、「岩瀬バイ船文化研究会」が組織され、雑誌『バイ船研究』を発刊するなど、精力的に活動している。そして東岩瀬の北前船主米田家の史料が、その『バイ船研究』第２・３集で活字にされて紹介された。

一方、伏木湊地域では、伏木とそれに隣接した六渡寺・放生津などで有力北前船主が輩出され、伏木に北前船資料館（旧秋元家住宅）がある。特に、伏木の能登屋藤井家と放生津の綿屋宮林家が著名で、藤井家の史料は、高岡市立伏木図書館に所蔵され、正和勝之助『越中伏木湊と海商百家』などで紹介されている。また宮林家の史料は、同家に大部分が所蔵されているが、一部は石川県

立歴史博物館や富山県立図書館にも所蔵されている。なお宮林家については、中西聡『海の富豪の資本主義』第6章が取り上げた。

（7）石川県

石川県では、能登半島、金沢近郊、橋立地域の諸湊（浦）で北前船主が輩出され、能登半島では黒嶋に角海家など有力な北前船主が存在していた。そして時国家について神奈川大学日本常民文化研究所奥能登調査研究会が明らかにし、一の宮の西村家について西村通男『海商三代』や堀田成雄『北前船と西村屋忠兵衛』が明らかにした。また、能登国福浦湊の廻船問屋の「客船帳」が、『富来町史』続資料編で活字にされて紹介されている。

金沢近郊では、銭屋五兵衛が北前船主として著名であり、銭屋文書の大部分は石川県銭屋五兵衛記念館に所蔵されている。そのうち「年々留」が、若林喜三郎編『年々留―銭屋五兵衛日記―』として活字にされている。銭屋の史料を利用した研究として、鏑木勢岐『銭屋五兵衛の研究』、木越隆三『銭屋五兵衛と北前船の時代』などがある。銭屋と並ぶ巨大北前船主であった木谷藤右衛門家に関する史料の一部が北西弘編『木谷藤右衛門家文書』で活字にされて紹介された。ただし、木谷家関連の史料はいろいろな家や機関に分散して所蔵されており、それらも含めて金沢市域の北前船主の史料について、その一部が『金沢市史』資料編8近世6で活字にされて紹介されている。

金沢近郊でも、南寄りの美川・湊・安宅などの地域でも有力な北前船主を輩出しており、特に湊の熊田家は、私設図書館として呉竹文庫を開設していたが、それが美川町（現白山市）に寄贈されて現在は白山市の施設となり、そこに熊田家文書が所蔵されている。熊田家の概要は、『湊村の歴史』で紹介され、中西聡『海の富豪の資本主義』第6章も熊田家を取り上げた。安宅湊でも松村家・米谷家など有力な北前船主が存在しており、安宅地域の北前船主や廻船問屋の史料は、部分的に『新修小松市史』資料編6、水運で紹介されている。

橋立地域では、橋立・瀬越・塩屋などの浦々で有力な北前船主が多数輩出されたが、西出家・久保家・酒谷家などの橋立の有力な北前船主の史料群が、北前船の里資料館に所蔵されている。これらの史料群の一部は『加賀市史』資料

編第４巻で活字にされて紹介されており、久保彦兵衛家と酒谷長兵衛家の史料は、その一部が加賀市北前船関連文書デジタルライブラリーとしてWeb公開されている。北前船の里資料館は、酒谷長俊家旧宅を加賀市が整備して開館したもので、酒谷長蔵家旧宅は北前船主屋敷・蔵六園として開館され、そこでも酒谷家の史料が展示されている。中西聡『海の富豪の資本主義』第２章は、その酒谷家を取り上げている。そして橋立出身の北前船主西谷家の史料調査が進められている（高野宏康「小樽に進出した北前船主・西谷家」）。また、瀬越の有力北前船主廣海二三郎家と大家七平家の史料が、金沢市立玉川図書館近世史料館に所蔵されており、廣海二三郎家の史料は東京の慶應義塾大学三田メディアセンターにも所蔵されている。

（８）福井県

福井県には、江戸時代から三国・敦賀・小浜の３つの湊が著名であり、それぞれの湊から北前船主が輩出された。三国湊では、廻船問屋兼船主であった内田家が有力で、その史料の一部が『三国町史料―内田家記録』で活字にされて紹介されており、坂井市龍翔博物館で北前船関連史料が展示されている。敦賀湊では、幕末期から栄えた桶屋大和田家の史料を敦賀市立博物館が所蔵しており、同家文書の一部が『敦賀市史』史料編第１巻や『福井県史』資料編第８巻などで活字にされて紹介されている。そして小浜湊では、廻船問屋兼船主であった古河嘉太夫家が有力で、古河家文書がマイクロフィルム資料として丸善雄松堂株式会社から発売されている（「近世の廻漕史料」）。古河家文書を用いた研究として、古河嘉雄『海商古河屋』、新井建一「近世後期における廻船業資本の経営動向」や、中西聡『海の富豪の資本主義』第７章がある。小浜湊では、その他にも、木綿屋志水家など有力な北前船主の史料が『小浜市史』諸家文書編１で活字にされて紹介されている。

３つの湊以外では、河野浦が有力な北前船主を輩出しており、その代表的存在であった右近権左衛門家の本宅などが「北前船主の館　右近家」として開館された。右近家文書は南越前町立河野図書館に保管されている。日本福祉大学知多半島総合研究所を中心とするメンバーで、右近家文書の調査が行われ、そ

の調査・研究成果は、河野村で数回にわたり開催された「西廻り」航路フォーラムで発表され、その報告書が刊行されている。

（9）滋賀県

滋賀県各地に、近江商人の史料群が残されているが、北前船に関係した史料群としては、北海道に進出して和船を所有した西川伝右衛門家文書が充実しており、滋賀県立大学図書情報センター所蔵分と滋賀大学経済学部附属史料館保管分がある。北海道の項でも触れたように、同家文書は北海道の小樽市総合博物館にも所蔵されている。また、滋賀大学経済学部附属史料館には、西川家と同様に、北海道に進出して場所請負人となった岡田家・藤野家に関する史料も残されており、岡田家・藤野家いずれも和船を所有していた。西川家・岡田家については、上村雅洋『近江商人の経営史』第１・２章が取り上げている。また藤野家文書が同家旧邸の豊会館に残されており、それらを利用して藤野辰次郎の研究が進められている（坂野鉄也・堀井靖枝「初代藤野辰次郎について」）。

（10）北近畿・山陰地域

北近畿では、宮津の三上家、岩滝の小室家、豊岡の瀧田家、安木の宮下家などが有力な北前船主であり、これらのうち史料の所在が確認できるのは、三上家と宮下家で、三上家文書は高部淑子「19世紀後半の情報活動と地域社会」で紹介され、宮下家文書は津川正幸『近世日本海運の諸問題』第８章で取り上げられた。山陰地域には有力な北前船主は存在していなかったが、温泉津湊・浜田湊などの廻船問屋の「客船帳」が残されており、それらがよく利用されている。温泉津湊の廻船問屋の「客船帳」は、その概略が『温泉津町誌』別巻（資料編）で紹介された。また、浜田湊の廻船問屋の「客船帳」のうち３冊が、「諸国御客帳」（住田正一編『海事史料叢書』第４巻）、柚木学編『諸国御客船帳』（上・下）、柚木学編『近代海運史料』でそれぞれ活字にされて紹介された。大黒屋大谷家など石見国・長門国の廻船業者については、木部和昭「長門・石見の廻船と地域社会」が明らかにしている。

(12) 瀬戸内地域

瀬戸内地域には、江戸時代中期から有力な廻船集団が存在していたが、19世紀に入り、日本海航路へも進出した有力船主として、播磨国坂越の奥藤家、安芸国生口島の堀内家、阿波国撫養の山西家などが挙げられる。このうち山西家文書は、徳島大学附属図書館と国文学研究資料館に所蔵されており、泉康弘「瀬戸内水運による阿波藍の流通」、上村雅洋『近世日本海運史の研究』第12章、森本幾子『幕末・明治期の廻船経営と地域市場』などで論じられた。そして醤油醸造業者でもあった奥藤家の廻船経営は、西畑俊昭「坂越廻船の動向」、上村雅洋『近世日本海運史の研究』第10章などで論じられ、また塩田地主でもあった堀内家については、有元正雄「瀬戸内島嶼部における資産形成の一事例」、『瀬戸田町史』通史編、落合功『近代塩業と商品流通』第８章などで取り上げられた。

瀬戸内の諸湊では、船主よりも廻船問屋の史料群が多く残されており、例えば、広島県鞆湊の廻船問屋片山家の史料は、千葉県鎌ケ谷市郷土資料館に保管されており、香川県多度津湊の廻船問屋森家の史料は、瀬戸内海歴史民俗資料館に所蔵されている。また広島県竹原の市立竹原書院図書館にも、御客帳などの廻船問屋の史料が所蔵されている。

(13) 畿内

畿内の中心的湊は大坂（安治河口）であったが、幕末維新期に兵庫湊の地位が高まり、明治前期には、兵庫港への北海道産魚肥の移入量が大阪港を上回るようになった。兵庫湊・大阪湊の廻船問屋の史料群は管見の限り、存在していないが、兵庫湊の代表的廻船問屋であった北風荘右衛門家の史料の一部が、喜多善平編『北風遺事・残燈照古抄』として活字にまとめられている。

大阪湾岸諸湊の廻船問屋の史料群では、大阪府南部の貝塚湊における廻船問屋廣海惣太郎家の大量の史料群が貝塚市教育委員会に寄託されて、貝塚市民図書館内の郷土資料室に保管されている。この廣海家文書の共同研究成果が石井寛治・中西聡編『産業化と商家経営』である。

主要参考文献

① 全体に関わるもの

・中西聡「北前船主系汽船船主の多角的経営展開」(『三田学会雑誌』第113巻第2号、2020年)
・高野宏康「小樽に進出した北前船主・西谷家」(『小樽商科大学人文研究』第138・139輯、2020年)
・中西聡『資産家資本主義の生成―近代日本の資本市場と金融』慶應義塾大学出版会、2019年
・中西聡『旅文化と物流 ― 近代日本の輸送体系と空間認識』日本経済評論社、2016年
・中西聡『海の富豪の資本主義―北前船と日本の産業化』名古屋大学出版会、2009年
・石井寛治・中西聡編『産業化と商家経営―米穀肥料商廣海家の近世・近代』名古屋大学出版会、2006年
・桜井英治・中西聡編『新体系日本史12　流通経済史』山川出版社、2002年
・中西聡『近世・近代日本の市場構造―「松前鯡」肥料取引の研究』東京大学出版会、1998年
・阿部恒久『「裏日本」はいかにつくられたか』日本経済評論社、1997年
・古厩忠夫『裏日本―近代日本を問いなおす』岩波新書522、岩波書店、1997年
・斎藤善之編『新しい近世史③　市場と民間社会』新人物往来社、1996年
・牧野文夫『招かれたプロメテウス―近代日本の技術発展』風行社、1996年
・小風秀雅『帝国主義下の日本海運―国際競争と対外自立』山川出版社、1995年
・石井謙治『和船Ⅰ・Ⅱ』(ものと人間の文化史76) 法政大学出版局、1995年
・安達裕之『異様の船―洋式船導入と鎖国体制』平凡社選書157、平凡社、1995年
・高村直助編『企業勃興―日本資本主義の形成』ミネルヴァ書房、1992年
・牧野隆信『北前船の研究』法政大学出版局、1989年
・柚木学編『日本水上交通史論集第3巻　瀬戸内海水上交通史』文献出版、1989年
・柚木学編『日本水上交通史論集第2巻　続日本海水上交通史』文献出版、1987年
・柚木学編『日本水上交通史論集第1巻　日本海水上交通史』文献出版、1986年
・山口和雄・石井寛治編『近代日本の商品流通』東京大学出版会、1986年
・安達裕之「近世における廻船の発達」「明治の帆船」(『講座・日本技術の社会史8　交通・運輸』日本評論社、1985年)
・高瀬重雄『日本海文化の形成』名著出版、1984年
・日本海地域史研究会編『日本海地域史研究』第1～14輯、文献出版、1980～98年
・柚木學『近世海運史の研究』法政大学出版局、1979年
・北見利夫『日本海上交通史の研究』鳴鳳社、1973年、再刊法政大学出版局、1986年

・福井県立図書館・福井県郷土誌懇談会編『日本海海運史の研究』同会、1967年
・牧野隆信『北前船―日本海海運史の一断面』柏書房、1964年、増補改訂版1965年、三訂版1972年
・越崎宗一『北前船考』1957年、新版北海道出版企画センター、1972年

② 第Ⅰ部に関わるもの

・菅原慶郎「明治中期におけるニシン漁夫の雇用システム」(『小樽商科大学人文研究』第140輯、2020年)
・谷本晃久『近世蝦夷地在地社会の研究』山川出版社、2020年
・坂野鉄也・堀井靖枝「初代藤野辰次郎について」(『滋賀大学経済学部附属史料館研究紀要』第52号、2019年)
・高野宏康「北前船と小樽」(『小樽商工会議所会報』2017年7月号)
・田島佳也『近世北海道漁業と海産物流通』清文堂出版、2014年
・山口精次「『酒谷家資料』から読み解く北前船主チガイヤマサ酒谷家の諸様相」(『市立函館博物館研究紀要』第24号、2014年)
・加納信美編著『仄聞　栖原角兵衛家―魁ける事業家北村家三百余年の史実に近づくために』北海道出版企画センター、2011年
・山口精次「橋立出身　忠谷・田端家の函館に於ける商業活動」(『市立函館博物館研究紀要』第20号、2010年)
・大沼盛男編著『北海道産業史』北海道大学図書刊行会、2002年
・上村雅洋『近江商人の経営史』清文堂出版、2000年
・柴村羊五『北海の豪商　高田屋嘉兵衛』亜紀書房、2000年
・上杉喜寿『能登・加賀・越前・若狭　北前船の人々』安田書店、1993年
・函館市史編さん室編『函館市史』通説編第2巻、函館市、1990年
・松前町史編集室編『松前町史』通説編第1巻下、第2巻、松前町、1988・93年
・田中修『日本資本主義と北海道』北海道大学図書刊行会、1986年
・江差町史編集室編『江差町史』第5巻通説1、第6巻通説2、江差町、1982・83年
・榎森進『北海道近世史の研究―幕藩体制と蝦夷地』北海道出版企画センター、1982年、増補改訂版1997年
・原喜覚『高田屋嘉兵衛と北方領土』ぎょうせい、1977年
・田端宏「場所請負制度崩壊期に於ける請負人資本の活動」(『北海道教育大学紀要』第1部B、社会科学編、第24巻1・2号、1973・74年)
・枝幸町史編纂委員会編『枝幸町史』上巻、枝幸町、1967年
・『小樽市史』第2巻、小樽市、1963年
・網走市史編纂委員会編『網走市史』上巻、網走市役所、1958年、下巻、1971年

③　第Ⅱ部に関わるもの
・中西聡「明治期日本における流通構造の変容と海運業者」(『企業家研究』第18号、2021年)
・関野章代「北前船の足跡を訪ねて」(『桜花女子大学食文化学部紀要』第9号、2021年)
・河原典史「『諸国御客船帳』にみる近世の海運業」(『国際交通安全学会誌』第46巻第2号、2021年)
・川村晃正「明治初年新潟小澤家の北前船ビジネスの一齣」(『専修大学社会科学研究所月報』第667・668号、2019年)
・中西聡「地方資産家の銀行経営と地域金融市場」(『三田学会雑誌』第109巻第4号、2017年)
・宮澤秀男『野辺地町　歴史の源流を探る』(私家版) 2014年
・小泉和子『船簞笥の研究』思文閣出版、2011年
・谷弘『千石船の湊を訪ねて―江戸期の日本海運　活躍の跡』芸立出版、2011年
・吉田賢一『北海道金融史研究―戦前における銀行合同の分析』学術出版会発行、日本図書センター発売、2010年
・泉雅博『海と山の近世史』吉川弘文館、2010年
・斎藤善之・高橋美貴編『近世南三陸の海村社会と海商』清文堂出版、2010年
・深井甚三『近世日本海海運史の研究―北前船と抜荷』東京堂出版、2009年
・長山直治「木谷藤右衛門家と福井藩関係文書」(『福井県文書館研究紀要』第4号、2007年)
・中西聡「19世紀における日本海海運の発達と越後出身船持商人の経営(上)」(『経済科学(名古屋大学)』第55巻第2号、2007年)
・右近了一編『北前船から見た地域史像―第7回「西廻り」航路フォーラム・報告書2』南越前町教育委員会河野事務所、2007年
・木部和昭「長門・石見の廻船と地域社会」、原直史「越後巨大地主と流通市場」(いずれも原直史・大橋康二編『日本海域歴史大系』第5巻近世篇Ⅱ、清文堂出版、2006年)
・中西聡「商業経営と不動産経営」(前掲石井寛治・中西聡編『産業化と商家経営』)
・金沢市史編さん委員会編『金沢市史』通史編2近世、金沢市、2005年
・福井県河野村編『北前船から見た地域史像―第6回「西廻り」航路フォーラムの記録』福井県河野村、2004年
・湊村史編纂委員会編『湊村の歴史』石川県美川町、2004年
・加藤貞仁『海の総合商社　北前船』無明舎出版、2003年
・渡辺信夫著・平川新編『渡辺信夫歴史論集2　日本海運史の研究』清文堂出版、2002年
・渡辺英夫『東廻海運史の研究』山川出版社、2002年
・中西聡「近世・近代の貿易」(前掲桜井英治・中西聡編『新体系日本史12　流通経済

史』)
・浜田市教育委員会編（森須和男執筆）『八右衛門とその時代―今津屋八右衛門の竹嶋一件と近世海運―』浜田市教育委員会、2002年
・木越隆三『銭屋五兵衛と北前船の時代』北國新聞社、2001年
・柚木學『近世海運の経営と歴史』清文堂出版、2001年
・福井県河野村編『地域から見た日本海海運―第５回「西廻り」航路フォーラムの記録』福井県河野村、2001年
・永峰文男『野坂常吉家文書―仕切状目録』（私家版）2000年
・福井県河野村編『北前船からみた河野浦と敦賀湊―第４回「西廻り」航路フォーラムの記録』福井県河野村、1999年
・津川正幸『近世日本海運の諸問題』関西大学出版部、1998年
・北陸地方電気事業百年史編纂委員会編『北陸地方電気事業百年史』北陸電力株式会社、1998年
・高瀬保『加賀藩の海運史』成山堂書店、1997年
・日本福祉大学知多半島総合研究所編『北前船と日本海の時代―シンポジウム／第３回・「西廻り」航路フォーラム』福井県河野村発行、校倉書房発売、1997年
・橋立町史編集委員会編『橋立町史』橋立町史編集委員会、1997年
・野辺地町史編さん刊行委員会編『野辺地町史』通説編第１・２巻、野辺地町、1996・97年
・神奈川大学日本常民文化研究所奥能登調査研究会編『奥能登と時国家』研究編Ⅰ、平凡社、1994年、調査報告編Ⅰ、1996年
・新潟市史編さん近代史部会編『新潟市史』通史編３近代（上）、新潟市、1996年
・石井謙治編『日本海事史の諸問題　海運編』文献出版、1995年
・正和勝之助『越中伏木湊と海商百家』桂書房、1995年
・福井県編『福井県史』通史編５近現代１、通史編４近世２、福井県、1994・96年
・阿部英樹『近世庄内地主の生成』日本経済評論社、1994年
・安本恭二「但馬・廻船の時代」(『兵庫県の歴史』第30号、1994年)
・高部淑子「19世紀後半の情報活動と地域社会」(『歴史学研究』第664号、1994年)
・小浜市史編纂委員会編『小浜市史』通史編上巻・下巻、小浜市役所、1992・98年
・小村弌『近世日本海海運と港町の研究』国書刊行会、1992年
・網野善彦『海と列島の中世』日本エディタースクール出版部、1992年
・高田宏『日本海繁盛記』岩波新書208、岩波書店、1992年
・渡辺信夫『海からの文化　みちのく海運史』河出書房新社、1992年
・新湊市史編さん委員会編『新湊市史』近現代、新湊市、1992年
・河野村産業観光課編『海への祈り』福井県河野村、1991年

・高瀬保『加賀藩流通史の研究』桂書房、1990年
・新潟県編『新潟県史』通史編7近代2、新潟県、1988年
・豊岡市史編集委員会編『豊岡市史』下巻、豊岡市、1987年
・橋本哲哉『近代石川県地域の研究』金沢大学経済学部、1986年
・敦賀市史編さん委員会編『敦賀市史』通史編上巻・下巻、敦賀市役所、1985・88年
・岩間洋樹「近世山陰地方の廻船業について」(『兵庫史学』第70号、1984年)
・富山県編『富山県史』通史編Ⅳ近世下、通史編Ⅴ近代上、通史編Ⅵ近代下、富山県、1983・81・84年
・師岡佑行編・師岡笑子訳『北前船頭の幕末自叙伝—川渡甚太夫一代記』柏書房、1981年、後に『川渡甚太夫一代記—北前船頭の幕末自叙伝』東洋文庫版、平凡社再刊、1995年
・高瀬保『加賀藩海運史の研究』雄山閣出版、1979年
・牧野隆信『北前船の時代—近世以後の日本海海運史』教育社歴史新書<日本史>95、教育社、1979年
・新井建一「近世後期における廻船業資本の経営動向」(林英夫・山田昭次編『幕藩制から近代へ』柏書房、1979年)
・北陸銀行調査部百年史編纂班編『創業百年史』株式会社北陸銀行、1978年
・長井政太郎『山形県交通史』不二出版、1976年
・伏木港史編さん委員会編『伏木港史』伏木港海運振興会、1973年
・古河嘉雄『海商古河屋—北前船の航跡』若狭学術振興会、1971年
・清水隆久『木谷吉次郎翁—その生涯と史的背景』故木谷吉次郎翁顕彰会、1970年
・高岡市史編纂委員会編『高岡市史』下巻、青林書院新社、1969年、増補版1982年
・工藤定雄・秋野庸太郎編『加茂港史』加茂郷土史編纂委員会、1966年
・角田直一『北前船と下津井港』日本文教出版、1967年、改訂版手帖舎、1992年
・真下八雄「幕末・明治前期における丹後海運業について」(前掲福井県立図書館・福井県郷土誌懇談会編『日本海海運史の研究』)
・西村通男『海商三代—北前船主西村屋の人びと』中公新書37、中央公論社、1964年
・印牧邦雄編『三国町史』三国町教育委員会、1964年
・堀田成雄『北前船と西村屋忠兵衛』羽咋市教育委員会、1963年
・佐々木誠治『日本海運業の近代化—社外船発達史』海文堂、1961年
・馬場汽船株式会社編『馬場海運史』馬場汽船株式会社、1958年
・鏑木勢岐『銭屋五兵衛の研究』銭五顕彰会、1954年、復刻版1972年
・長井政太郎『飛島誌』弘文堂、1951年、復刻版国書刊行会、1982年

④　第Ⅲ部に関わるもの

・森本幾子『幕末・明治期の廻船経営と地域市場—阿波国撫養山西家の経営と地域』清文

堂出版、2021年
・坂野鉄也・堀井靖枝「藤野四郎兵衛家大坂店近江屋熊蔵の事業」(『滋賀大学経済学部附属史料館研究紀要』第53号、2020年)
・樫本慶彦『北前船と尾道湊との絆』文芸社、2014年
・落合功『近代塩業と商品流通』日本経済評論社、2012年
・福山市鞆の浦歴史民俗資料館編『北前船とその時代―鞆の津のにぎわい』福山市鞆の浦歴史民俗資料館活動推進協議会、2004年
・瀬戸田町教育委員会編『瀬戸田町史』通史編、瀬戸田町教育委員会、2004年
・西山芳夫『西廻り航路の湊町をゆく』文献出版、2000年
・中西聡「近代輸送体系の形成と港湾の性格変化」(『経済学研究(北海道大学)』第48巻第3号、1999年)
・上村雅洋『近世日本海運史の研究』吉川弘文館、1994年
・脇坂昭夫論文集「瀬戸内港町と商品流通」(瀬戸内海地域史研究会編『瀬戸内海地域史研究』第5輯、文献出版、1994年)
・谷沢明『瀬戸内の町並み―港町形成の研究』未來社、1991年
・西畑俊昭「坂越廻船の動向」(『兵庫史学』第70号、1984年)
・泉康弘「瀬戸内海水運による阿波藍の流通」(渡辺則文編『産業の発達と地域社会―瀬戸内産業史の研究』渓水社、1982年)
・有元正雄「瀬戸内島嶼部における資産形成の一事例」(『内海文化研究紀要(広島大学)』第7号、1979年)
・神戸市役所編『神戸市史』別録1、1922年

⑤　補章に関わるもの

・小川原正道編『独立のすすめ　福沢諭吉演説集』講談社、2023年
・中西聡「近代日本のガス・電気事業と鉱山業」(『三田学会雑誌』第115巻第3号、2022年)
・中西聡「近代日本における林産地と林業資産家」(『三田学会雑誌』第112巻第4号、2020年)
・中西聡「地域社会と経営史研究」(『経営史学』第54巻第3号、2019年)
・石井寛治『資本主義日本の地域構造』東京大学出版会、2018年
・中西聡「汽船船主となった北前船主」(全国北前船研究会編『北前船にかかる論考・考察集(全国北前船セミナー開催30周年記念)』全国北前船研究会、2016年)
・北日本汽船株式会社編『北日本汽船株式会社二十五年史』(社史で見る日本経済史第56巻)ゆまに書房、2011年
・中村尚史『地方からの産業革命―日本における企業勃興の原動力』名古屋大学出版会、

2010年
・小川原正道「福沢諭吉の華族批判」(『法学研究（慶應義塾大学)』第82巻第10号、2009年)
・敦賀市立博物館編『敦賀長浜鉄道物語―敦賀みなとと鉄道文化』敦賀市立博物館、2006年
・上坂紀夫『旅順港閉塞船「福井丸」』福井県河野村役場、2002年
・慶應義塾編『福澤諭吉書簡集』第５巻、岩波書店、2001年
・小泉信三「瘠我慢の説と栗本鋤雲」西川俊作・松崎欣一編『福澤諭吉論の百年』慶應義塾大学出版会、1999年
・明治36年１月「汽車汽船旅行案内」(三宅俊彦編『復刻版　明治大正時刻表』新人物往来社、1998年所収)
・北陸地方電気事業百年史編纂委員会編『北陸地方電気事業百年史』北陸電力株式会社、1998年
・日本経営史研究所編『創業百年史』大阪商船三井船舶株式会社、1985年
・『堀田善衛全集』第５巻、筑摩書房、1974年
・富山新聞社報道局編『越中百家』上巻、富山新聞社、1973年
・伊藤信太郎「くびき風土記」第70～87回（『頸紀新聞』第242～259号、1969～70年）
・西村通男『海商三代―北前船主西村屋の人びと』中公新書37、中央公論社、1964年
・佐々木誠治『日本海運業の近代化―社外船発達史』海文堂、1961年
・馬場汽船株式会社編『馬場海運史』馬場汽船株式会社、1958年
・人事興信所編『人事興信録（第４版)』1915年（国立国会図書館蔵）

⑥　資料集
・新修小松市史編集委員会編『新修小松市史』資料編６水運、石川県小松市、2004年
・北西弘編『木谷藤右衛門家文書』清文堂出版、1999年
・井本三夫編『北前の記憶―北洋・移民・米騒動との関係』桂書房、1998年
・金沢市史編さん委員会編『金沢市史』資料編８近世６湊町と海運、金沢市、1997年
・温泉津町誌編さん委員会編『温泉津町誌』別巻（資料編)、温泉津町、1996年
・日本福祉大学知多半島総合研究所歴史・民俗部編『越前国南条郡河野浦・右近権左衛門家文書目録』河野村、1996年
・出雲崎町教育委員会編『出雲崎町史』海運資料集(１)～(３)、出雲崎町、1995・96・97年
・野辺地町史編さん委員会編『野辺地町史』資料編第６～９集、野辺地町、1992・93年
・柚木学編『近代海運史料―石州浜田廻船問屋記録』清文堂出版、1992年
・渋谷隆一編『都道府県別資産家地主総覧』北海道編・東北編・青森編・新潟編・富山編・石川編・近畿編、日本図書センター、1991～97年

・佐藤利夫編『海陸道順達日記』法政大学出版局、1991年
・畠山道行・酒井和「『米田寿吉家文書』文久３年〜明治７年とその解説」(『バイ船研究』第３集、1991年)
・岩瀬バイ船研究会「『米田家文書』明治４年〜明治６年の解読と解説」(『バイ船研究』第２集、1989年)
・福井県編『福井県史』資料編第８巻中・近世６、福井県、1989年
・由井常彦・浅野俊光編『日本全国諸会社役員録』全16巻、柏書房、1988・89年
・財団法人日本経営史研究所編『近代日本海運生成史料』日本郵船株式会社、1988年
・余市町史編集室編『余市町史』第１巻資料編１、余市町、1985年
・渋谷隆一編『大正・昭和日本全国資産家・地主資料集成』全７巻、柏書房、1985年
・渋谷隆一編『明治期日本全国資産家・地主資料集成』全５巻、柏書房、1984年
・若林喜三郎編『年々留―銭屋五兵衛日記―』法政大学出版局、1984年
・松前町史編集室編『松前町史』史料編第３巻、第一印刷出版部、1979年
・小浜市史編纂委員会編『小浜市史』諸家文書編１、小浜市役所、1979年
・「東北諸港報告書」、「二府四県采覧報文」、「西南諸港報告書」、「府県統計書２」(商品流通史研究会編『近代日本商品流通史資料』第１・２・４巻、日本経済評論社、1978・79年)
・加賀市史編纂委員会編『加賀市史』資料編第４巻、加賀市役所、1978年
・江差町史編集室編『江差町史』資料編第１・２・４巻、江差町、1977・78・81年
・敦賀市史編さん委員会編『敦賀市史』史料編第１巻、敦賀市役所、1977年
・柚木学編『諸国御客船帳』(上・下)、清文堂出版、1977年
・富来町史編纂委員会編『富来町史』続資料編、石川県羽咋郡富来町役場、1976年
・大正２〜12年「本邦鉱業ノ趨勢」(『明治前期産業発達史資料』別冊 (75(４)〜79(４)) 明治文献資料刊行会、1970・71年)
・三国町史編纂委員会編『三国町史料―内田家記録』三国町教育委員会、1970年
・刀禰勇太郎編『河野浦近世史料選』第１集、河野浦近世史料刊行会、1963年
・喜多善平編『北風遺事・残燈照古抄』喜多善平、1963年
・福井県立図書館・福井県郷土誌懇談会編『小浜・敦賀・三国湊史料』同会、1959年
・「北海産荷受問屋組合沿革史」(黒羽兵治郎編『大阪商業史料集成』第６輯、1940年、複刻版清文堂出版、1984年)
・北水協会編『北海道漁業志稿』1935年、復刻版国書刊行会、1977年
・住田正一編『海事史料叢書』第４巻、巌松堂書店、1929年、復刻版成山堂書店、1969年
・大正８〜12年度『営業報告書』(北海炭業株式会社)
・大正７年度『営業報告書』(中央礦業株式会社)
・澁谷喜平編『富之越後』新潟新聞社、1903年

「交通ブックス」の刊行にあたって

私たちの生活の中で交通は、大昔から人や物の移動手段として、重要な地位を占めてきました。交通の発達の歴史が即人類の発達の歴史であるともいえます。交通の発達によって人々の交流が深まり、産業が飛躍的に発展し、文化が地球規模で花開くようになっています。

交通は長い歴史を持っていますが、特にこの二百年の間に著しく発達し、新しい交通手段も次々に登場しています。今や私たちの生活にとって、電気や水道が不可欠であるのと同様に、鉄道やバス、船舶、航空機といった交通機関は、必要欠くべからざるものになっています。

公益財団法人交通研究協会では、このように私たちの生活と深い関わりを持つ交通について少しでも理解を深めていただくために、陸海空のあらゆる分野からテーマを選び、「交通ブックス」として、さしあたり全一〇〇巻のシリーズを、(株)成山堂書店を発売元として刊行することにしました。

このシリーズは、高校生や大学生や一般の人に、歴史、文学、技術などの領域を問わず、さまざまな交通に関する知識や情報をわかりやすく提供することを目指しています。このため、専門家だけでなく、広くアマチュアの方までを含めて、それぞれのテーマについて最も適任と思われる方々に執筆をお願いしました。テーマによっては少し専門的な内容のものもありますが、出来るだけかみくだいた表現をとり、豊富に写真や図を入れましたので、予備知識のない人にも興味を持っていただけるものと思います。

本シリーズによって、ひとりでも多くの人が交通のことについて理解を深めてくだされば幸いです。

公益財団法人交通研究協会
理事長　住田親治

著者略歴

中西　聡（なかにし　さとる）

1962年　愛知県に生まれる
1993年　東京大学大学院経済学研究科博士課程単位取得退学
　　　　東京大学社会科学研究所助手
1995年　北海道大学経済学部助教授
1999年　名古屋大学経済学部助教授
現　在　慶應義塾大学経済学部教授、博士（経済学）
編著書　『資産家資本主義の生成—近代日本の資本市場と金融』
　　　　（慶應義塾大学出版会、2019年）
　　　　『近代日本の消費と生活世界』（共著、吉川弘文館、2018年）
　　　　『旅文化と物流—近代日本の輸送体系と空間認識』
　　　　（日本経済評論社、2016年）
　　　　『海の富豪の資本主義—北前船と日本の産業化』
　　　　（名古屋大学出版会、2009年、日本学士院賞）
　　　　『近世・近代日本の市場構造—「松前鯡」肥料取引の研究』
　　　　（東京大学出版会、1998年）
　　　　『近代日本の地方事業家—萬三商店小栗家と地域の工業化』
　　　　（共編著、日本経済評論社、2015年、企業家研究フォーラム賞）

交通ブックス219

北前船《きたまえぶね》の近代史《きんだいし》
海の豪商たちが遺したもの（３訂増補版）

定価はカバーに表示してあります。

2013年４月18日　初版発行
2023年11月18日　３訂増補初版発行

著　者　中　西　　聡
発行者　公益財団法人交通研究協会
　　　　理事長　住　田　親　治
印　刷　三和印刷株式会社
製　本　東京美術紙工協業組合

発売元 株式会社 成山堂書店
〒160-0012　東京都新宿区南元町４番51　成山堂ビル
TEL：03(3357)5861　FAX：03(3357)5867
URL：https://www.seizando.co.jp
落丁・乱丁本はお取り換えいたしますので小社営業チーム宛にお送りください。

Printed in Japan　ISBN 978-4-425-77184-4

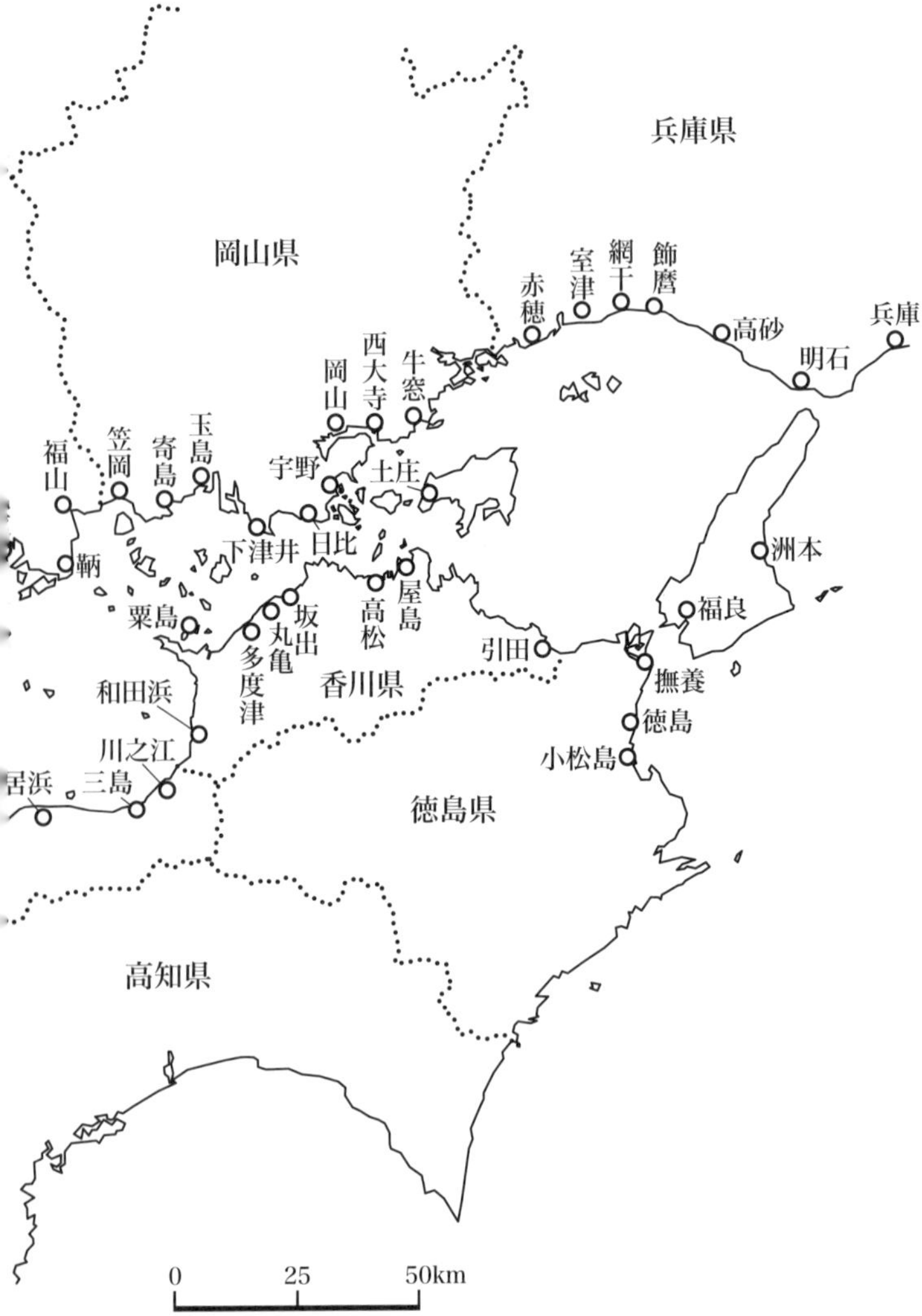

（出所）中西 聡『近世・近代日本の市場構造』東京大学出版会、1998年、巻末地図をもとに作成。

図２　幕末・明治期瀬戸内地域主要港